中1

まとめ上手

5科

社会
理科
数学
英語
国語

Social Studies

Science

Mathematics

English

Japanese

本書の特色としくみ

この本は，中1で学習する主要5教科の基礎・基本事項を豊富な図版や表を使ってわかりやすくまとめたものです。要点がひと目でわかるので，日々の予習・復習や定期テストの対策に必携の本です。

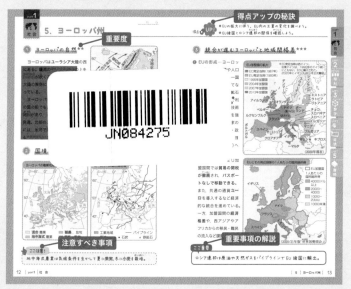

part 1
社会

5. ヨーロッパ州

重要度

得点アップの秘訣
● EUの拡大に伴い，EU内の工業の変化を調べよう。
● EU諸国とロシア連邦の関係を確認しよう。

① ヨーロッパの自然★★★

ヨーロッパはユーラシア大陸の西

② 国境

ここは要注意！
地中海式気候は気候条件を生かして夏は乾燥，冬に小麦を栽培。

③ 統合が進むヨーロッパと地域間格差★★★

● EUの形成…ヨーロッパ

EUの同盟国間の人たちとの国内流通が増

ここ暗記
ロシア連邦は原油や天然ガスをパイプラインでEU諸国に輸出。

12 | part 社会

5 | ヨーロッパ州 | 13

同じころ 同じ時代のできごとを比べて理解を深めます。

ここ確認 重要事項を理解できたか確認する問題です。

これ暗記 必ず覚えておきたい暗記事項です。

もくじ

part 1 社 会

part 2 理 科

社会 地理

1. 世界のすがた

1 地球のすがた ★★★

最も大きい大陸はユーラシア大陸，最も大きい海洋は太平洋だよ。

ユーラシア大陸 ／ 北アメリカ大陸 ／ アフリカ大陸 ／ 太平洋 ／ 大西洋 ／ インド洋 ／ 南アメリカ大陸 ／ オーストラリア大陸 ／ 南極大陸

❶ 六大陸と三大洋…陸地の**ユーラシア**，アフリカ，北アメリカ，南アメリカ，オーストラリア，南極の各大陸を**六大陸**，また，海洋の太平洋，大西洋，インド洋を**三大洋**とよぶ。

❷ 水の惑星…地球の表面の面積のおよそ **7 割**が海洋で，陸地は **3 割**。そのため，地球は「水の惑星」とよばれる。

2 世界の地域区分と国々 ★★

世界は 6 つの州に分けられる。また，190 余りの国がある。

❶ 人口の多い国…**中華人民共和国（中国）**やインドなど。アジア州に多い。

世界を分ける6つの州
ヨーロッパ州 ／ アジア州 ／ 北アメリカ州 ／ アフリカ州 ／ 南アメリカ州 ／ オセアニア州 ／ --- 州界

❷ 大きい国，小さい国…日本の約45倍の面積の**ロシア連邦**，イタリアのローマ市内にあり，東京ディズニーランドより小さい**バチカン市国**。

❸ 内陸国と島国（海洋国）…スイスやモンゴル（内陸国），インドネシアやニュージーランド（島国）。

❹ 国境線の決め方…山や川，海などの自然物を利用した国境線。緯線・経線を利用した国境線（かつて植民地だったアフリカ州に多い）。

③ 地球上の位置の表し方 ★★

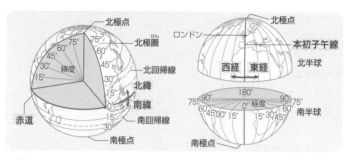

緯度は赤道を0度として、地球を**90度**に分ける(北緯・南緯)。経度はロンドンを通る本初子午線を0度として、地球を**180度**に分ける(東経・西経)。

👉 ここ注意！

同じ緯度を結んだ線を緯線、同じ経度を結んだ線を経線という。

④ 地球儀と世界地図 ★★

地球儀と世界地図	長所と短所
地球儀	地球を縮めた模型で、地球表面はほぼ正確。持ち歩くには不便。世界全体を一度に見ることはできない。
世界地図	使う目的に合わせて、さまざまな地図がつくられている。平面である地図では、球体である地球のすべてを正確に描くことができない。

経緯線が直角に交わった地図　　中心からの距離と方位が正しい地図　　面積が正しい地図

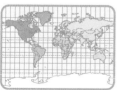

月 日

2. 日本のすがた

① 日本の位置 ★★

日本は太平洋・日本海などの海に囲まれた島国（海洋国）で，**ユーラシア大陸**の東に位置し，およそ**東経122〜154度**，およそ**北緯20〜46度**の間に位置している。

日本と同じ経度帯に**ロシア連邦**，**オーストラリア**，同じ緯度帯に**イタリア**，**エジプト**，**イラン**，**中国**，**アメリカ合衆国**などがふくまれる。

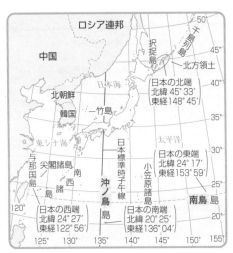

ロシア連邦
中国
北朝鮮
韓国
竹島
千島列島
択捉島
北方領土
日本の北端
北緯45°33′
東経148°45′
日本の東端
北緯24°17′
東経153°59′
日本標準時子午線
小笠原諸島
南鳥島
太平洋
日本海
東シナ海
与那国島
尖閣諸島
南西諸島
沖ノ鳥島
日本の西端
北緯24°27′
東経122°56′
日本の南端
北緯20°25′
東経136°04′

② 日本の領域と領土をめぐる問題 ★★★

❶ 日本の領域…日本の面積は約**38万km²**。領土はその国の主権が及ぶ範囲の陸地。領海は，沿岸から**12海里**（約22km）までの海域。領海の外側は各国

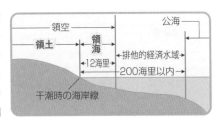

領空
公海
領土
領海
←12海里→
←12海里→
排他的経済水域
←200海里以内→
干潮時の海岸線

の船が自由に航行できる。沿岸から**200海里**（約370km）までの海域（領海を除く）を**排他的経済水域**といい，沿岸国に水産資源や鉱産資源の獲得や開発をする権利が認められている。排他的経済水域の外側は**公海**。

❷ 日本の領土をめぐる問題…ⓐ**北方領土**（**歯舞群島・色丹島・国後島・択捉島**）はロシア連邦に返還を求め続けているが，いまだ実現せず。ⓑ**竹島**は韓国が不法に占拠。ⓒ**尖閣諸島**は中国などが領有権を主張。

③ 日本の標準時と時差 ★★

太陽が**真南**(南半球では真北)にきたときを正午とする。地球の**自転**により正午は異なり、国や地域ごとに基準となる経線(**標準時子午線**)を設けている。

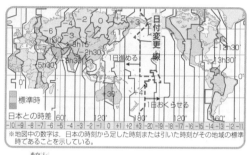

日本では**東経135度**(**兵庫県明石市**を通る)の経線である。地球は24時間で1回転(360度)するので、経度差**15度**で1時間の**時差**が生じる。国土が東西に長い国では複数の標準時をもつ場合(ロシア連邦やアメリカ合衆国)がある。

ここ重要

日本とイギリスは 135(度)÷15(度)=9(時間) の時差がある。

④ 日本の都道府県 ★

地方の政治の基本単位は都道府県で、1972年にアメリカ合衆国から沖縄県が返還されて以来、**1都1道2府43県**で定着。

都道府県庁が置かれた都市(**都道府県庁所在地**)は、都道府県名と都市名が同じところが多いが、神奈川県横浜市のように名称が異なるところもある。

都道府県名と都道府県庁所在地名が異なる道県

社会 3. 世界の人々の生活と環境

① 世界の気候 ★★★

日本はどの気候帯に
属するかな？

■ 熱帯　□ 乾燥帯　■ 温帯　■ 冷帯(亜寒帯)　■ 寒帯　▨ 高山気候

❶ **寒帯**…イヌイットが住む**ツンドラ気候**は，短い夏に草やこけが生える。
南極，グリーンランドの大部分は一年中雪や氷に覆われた**氷雪気候**。

❷ **冷帯(亜寒帯)**…冬は寒さが厳しく，夏は気温が上昇する。タイガとよば
れる**針葉樹林**が広がっている。ユーラシア・北アメリカ大陸の北部に分
布している。

❸ **温帯**…比較的温暖で湿潤な気候，季節の変化が見られる。**温暖湿潤気候**・
地中海性気候・**西岸海洋性気候**の３つがある。農業がさかん。

❹ **乾燥帯**…一年を通して雨が少ない**砂漠気候**と，雨季がわずかに見られる
ステップ気候がある。ステップ気候には，丈の短い草原が広がる。

❺ **熱帯**…一年中雨が降り，**熱帯雨林**が広がる**熱帯雨林気候**と，雨季と乾季
があり，まばらな樹木と丈の長い草原が広がる**サバナ気候**がある。

❻ **高山気候**…気温は，標高が100m増すごとに約0.6度下がる。このため高
山地域は，同じ緯度の地域とは異なる高山特有の気候となっている。

ここ重要

ケッペンは気温と降水量の違いから世界の気候区分を考えた。

得点 UP!
● それぞれの気候帯の伝統的な住居や服装を確認しよう。
● 三大宗教と暮らしの結びつきのようすを調べよう。

part 1 社会
part 2 理科
part 3 数学
part 4 英語
part 5 国語

② 世界のおもな宗教 ★★

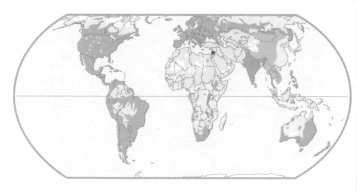

■ 仏教　　　　　　□ イスラム教　　　　● ユダヤ教
■ キリスト教　　　■ ヒンドゥー教　　　□ その他の宗教

キリスト教・イスラム教・仏教は**三大宗教**とよばれる。インドのヒンドゥー教やユダヤ人のユダヤ教などは民族宗教とよばれる。

❶ **キリスト教**…ヨーロッパ, 南北アメリカ, オセアニアなどにおもに広がる。**イエス = キリスト**の教え。大きくプロテスタント, カトリック, 正教会の3つに分類される。

❷ **イスラム教**…北アフリカ, 西アジア, 中央アジア, 東南アジアにおもに広がる。**ムハンマド**が開祖。唯一神**アラー**を信仰し, 酒や豚肉を口にせず, 1日5回, 聖地のメッカに向かって礼拝する。

❸ **仏教**…東南アジア, 東アジアにおもに広がる。インドの**シャカ(釈迦)**の教え。大きく大乗仏教, 上座部仏教に分けられる。

世界のおもな宗教人口

その他 21.7	(最近年の推計)
6.9	―仏教
15.1	―ヒンドゥー教
イスラム教 24.1	
キリスト教 31.2%	

※各宗教人口の合計に対する割合。
(2020/21年版「世界国勢図会」)

ここ重要

> キリスト教は『聖書』, イスラム教は『コーラン』, 仏教は『経』が教典。

社会 4. アジア州

① アジアの自然と産業 ★★★

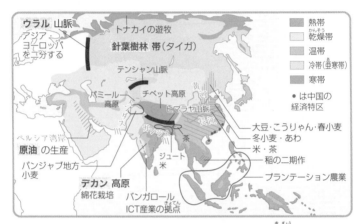

ウラル山脈
アジア・ヨーロッパを二分する

トナカイの遊牧

針葉樹林帯(タイガ)

テンシャン山脈

パミール高原

チベット高原

ヒマラヤ山脈

ペルシア湾岸
原油の生産

パンジャブ地方
小麦

デカン高原
綿花栽培

バンガロール
ICT産業の拠点

ジュート
米

茶

大豆・こうりゃん・春小麦
冬小麦・あわ
米・茶
稲の二期作
プランテーション農業

熱帯
乾燥帯
温帯
冷帯(亜寒帯)
寒帯
• は中国の経済特区

❶ **「世界の工場」に発展した中国**…中国は,沿岸部に外国企業を受け入れる **経済特区**を設け,1980年代から発展した。また,沿岸部と内陸部の**経済格差**をなくすため,2000年から**西部大開発**をかかげ内陸部を開発。一方,急速な発展で大気や水の汚染などの環境問題が発生している。

❷ **結びつきを強める東南アジア**…**東南アジア諸国連合(ASEAN)**の国々はアメリカ合衆国や日本などの企業を受け入れ工業化を進め,多くの製品を輸出。農業では稲の**二期作**が行われ,**プランテーション(大農園)**で天然ゴムやコーヒーの栽培がさかん。

❸ **急速に成長するインド**…1990年代から外国企業の進出が活発化し,自動車や電気機器などの生産が急成長。南部**バンガロール**は**情報通信技術(ICT)産業**が発達している。

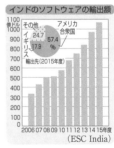

インドのソフトウェアの輸出額

その他 24.7
イギリス 17.9
アメリカ合衆国 57.4 %
輸出先(2015年度)

(ESC India)

ここ重要

西アジアは原油が豊富。中央アジアはレアメタルで注目される。

● 東アジアの国々の産業の変化を確認しよう。

得点UP! ● 西・中央アジアでとれる資源を調べよう。

part
1
社会

part
2
理科

part
3
数学

part
4
英語

part
5
国語

② 人口急増と多様な民族・文化をもつアジア★★

中国の民族の分布

ウルムチ
シェンヤン
ペキン
ラサ　　シャンハイ
チョンチン
ウーハン
クンミン
コワンチョウ

漢族
ウイグル族
モンゴル族
チベット族
ホイ族
チョワン族
ミャオ族
その他

南アジアの言語

ネパール
ブータン
インド
ヒンディー語
パキスタン
バングラデシュ
スリランカ

※色の違いは使用される
言語の違いを表す。

❶ 人口世界一の中国…中国の人口は約14.4億人(2020年)で，総人口の9割を占める**漢族**と50を超える**少数民族**が暮らす**多民族国家**。1970年代から人口抑制のために**一人っ子政策**が行われていた。現在は，都市部と農村部の間の経済格差の拡大や，少数民族の独立運動などの課題がある。

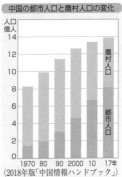

中国の都市人口と農村人口の変化

人口
億人

農村人口
都市人口

1970 80 90 2000 10 17年
(2018年版「中国情報ハンドブック」)

❷ 東南アジアの民族と都市問題…多民族国家が多く，中国系の**華人**も多い。工業化による都心部の発展に伴い，農村から都市へ人口が流入し，**スラム**の形成や交通渋滞などの都市問題がおこっている。

❸ 多様な言語が使われるインド…インドの人口は約13.8億人(2020年)で，2030年ごろには中国を抜いて世界一になると予測されている。**ヒンドゥー教徒**が多く，現在も**カースト制度**による差別が残る。**公用語はヒンディー語**だが，英語を話す人口はアメリカ合衆国に次いで多い。多くの民族が暮らし，地域によって異なる言語が使われている。

月　日

5. ヨーロッパ州

① ヨーロッパの自然 ★★

ヨーロッパは**ユーラシア大陸**の西にある。**暖流の北大西洋海流**の上を**偏西風**が吹くことにより，同緯度の大陸の東側に比べて温暖な気候になっている。

ヨーロッパ中央部の平野には，どの国の船でも自由に航行できる**国際河川**があり，**ライン川**などの**水運**が発達。北部のスカンディナビア半島には，氷河で削られた奥深い湾である**フィヨルド**が見られる。

② 国境を越えて広がるヨーロッパの農業・工業 ★★★

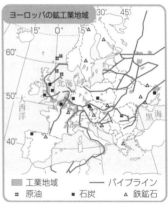

ここ注意！

地中海式農業は気候条件を生かして夏に果実，冬に小麦を栽培。

得点UP!
● EUの拡大に伴う，EU内の工業の変化を調べよう。
● EU諸国とロシア連邦の関係を確認しよう。

③ 統合が進むヨーロッパと地域間格差 ★★★

❶ EUの形成…ヨーロッパの国々は面積や人口の規模が小さく，一国では国際競争に勝てないので，石炭や鉄鉱石などの資源を共同で利用し，経済や科学技術の面でも結びつきを強めた。そして，国家の枠を越えた経済的・政治的な統合が進み，**ヨーロッパ連合（EU）**へと発展した。

EU加盟国の拡大

■ EC発足当時（1967年）
■ EU発足当時（1993年）
□ 1995年加盟国
□ 2004年加盟国
□ 2007年加盟国
■ 2013年加盟国

※EC発足当時は西ドイツ。
旧東ドイツは，1990年のドイツ統一にともない，ECに編入された。
2020年にイギリスはEUを正式離脱。

アイルランド／イギリス／デンマーク／スウェーデン／フィンランド／エストニア／ラトビア／リトアニア／オランダ／ドイツ（東ドイツ）（西ドイツ）／ポーランド／チェコ／スロバキア／スロベニア／ハンガリー／ルーマニア／ブルガリア／ベルギー／ルクセンブルク／フランス／ポルトガル／スペイン／オーストリア／クロアチア／イタリア／ギリシャ／キプロス／マルタ

（2020年現在）

❷ EU内の格差…EU加盟国間では**貿易の関税**が撤廃され，**パスポートなしで移動できる**。また，共通の通貨**ユーロ**を導入するなど経済的な統合を進めている。一方，加盟国間の**経済格差**や，西アジアやアフリカからの移民・難民の流入など課題も多い。

EUとその周辺諸国の1人あたりの国民総所得

□ EU加盟国
1人あたりの国民総所得
■ 40000ドル以上
■ 20000～40000
□ 10000～20000
□ 10000未満

イギリス／ドイツ／フランス／スペイン／イタリア

（2018年）
（2020/21年版「世界国勢図会」）

ここ重要

ロシア連邦は原油や天然ガスをパイプラインでEU諸国に輸出。

part1 社会
part2 理科
part3 数学
part4 英語
part5 国語

part 1

社会

6. アフリカ州

① アフリカの自然 ★★

アフリカ大陸は，地中海を挟んでヨーロッパの南に位置する。気候帯は赤道付近に**熱帯**，その周囲に**乾燥帯**と**温帯**が分布。赤道付近のコンゴ盆地などには**熱帯雨林**，その南北にかけて**サバナ**(まばらな森林と草原)，**ステップ**(丈の短い草の草原)，**砂漠**が広がる。**サハラ砂漠**は世界最大の砂漠で，その東には世界最長の**ナイル**川がある。アフリカ東部には，キリマンジャロ山やエチオピア高原がある。

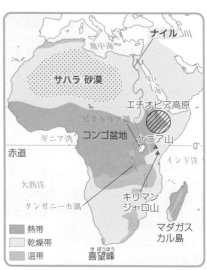

凡例
- 熱帯
- 乾燥帯
- 温帯

② 植民地支配から独立へ ★★

16世紀以降，ヨーロッパ人が多くの人々を奴隷として南北アメリカへ連れ去る。その後，アフリカのほぼ全域がヨーロッパ諸国の**植民地**とされたが，1950年代以降，次々に独立。2002年に**アフリカ連合(AU)**を結成。

アフリカの民族はそれぞれ独自の言語や文化をもつが，**旧宗主国**の言語を公用語としている国が多い。

南アフリカ共和国ではかつてアパルトヘイトが行われていたよ。

1914年ごろのアフリカ

凡例
- 独立国
- フランス領
- イギリス領
- その他

ここ重要

> アフリカ諸国で直線の国境線が多いのは植民地支配の名残。

③ アフリカの産業と経済 ★★

❶ アフリカの農業

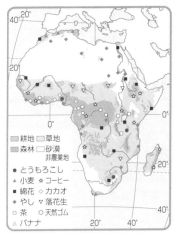

耕地 草地
森林 砂漠
非農業地
● とうもろこし
▲ 小麦 ☆ コーヒー
■ 綿花 ◇ カカオ
◆ やし ○ 落花生
□ 茶 ● 天然ゴム
△ バナナ

❷ アフリカの鉱産資源

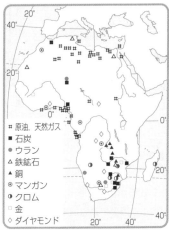

⊞ 原油, 天然ガス
■ 石炭
● ウラン
△ 鉄鉱石
▲ 銅
● マンガン
○ クロム
□ 金
◇ ダイヤモンド

アフリカでは**植民地時代**から綿花, コーヒー, カカオ, 茶など特定の作物だけを**大規模農園**で大量生産し輸出する, **プランテーション農業**が行われてきた。また, アフリカは銅, 金, ダイヤモンドなどの**鉱産資源**が豊富で, 重要な輸出品となってきた。最近では原油のほかに, コバルトなどの**レアメタル**(希少金属)も注目されている。

アフリカのように, 特定の商品作物・鉱産資源の生産や輸出によって成り立つ経済を**モノカルチャー経済**という。天候や市場の影響を受けやすく, 国の収入が不安定になるという問題が

ある。欧米諸国や日本, 中国などからの援助を受けて経済発展に努めている。また, 都市部に人口が集中し, **スラム**の形成などの問題がおこっている。

輸出を農産物・鉱産物にたよる国

ナイジェリア 輸出額 624億ドル	原油 82.3%		その他 17.7

エチオピア 輸出額 15億ドル	61.5%		その他 38.5

コーヒー豆・野菜・果実・ごま

ザンビア 輸出額 91億ドル	銅 75.2%		その他 24.8

(2018年) (2020/21年版「世界国勢図会」)

7. 北アメリカ州

月　日

① 北アメリカの自然 ★★

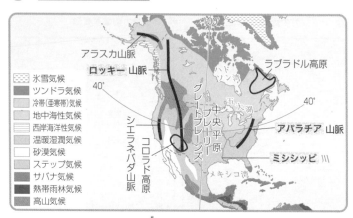

気候帯は北から寒帯・冷帯(亜寒帯)・温帯・熱帯と続く。ロッキー山脈が連なる西部では乾燥帯が広がる。

② アメリカ合衆国の農業 ★★★

アメリカ合衆国は世界最大の食料輸出国で，**「世界の食料庫」**とよばれる。

西経100度線より西の乾燥地域では，肉牛・羊の放牧が行われている。南部では**綿花・た**ばこが栽培されており，

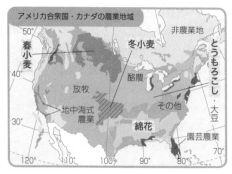

中央部から北には**小麦地帯**や**とうもろこし地帯**が広がる。

ここ重要

アメリカ合衆国の農業は適地適作で企業的な農業が主流。

③ アメリカ合衆国の鉱工業 ★★★

アメリカ合衆国・カナダの鉱工業地域

バンクーバー
シアトル
カナダ
デトロイト
37°
シリコンバレー
モントリオール
ボストン
サンフランシスコ
アメリカ合衆国
シカゴ
ニューヨーク
フィラデルフィア
ロサンゼルス
サン　　　　　ル　　　ト
ピッツバーグ
アトランタ
○ 工業地域
原油
油田・ガス田
● 天然ガス
炭田
△ 鉄鉱石
ヒューストン　ニューオーリンズ

❶ 豊かな資源を利用した工業…アメリカ合衆国では鉄鉱石，石炭，原油などの豊かな鉱産資源と水運を利用して，**大西洋岸・五大湖周辺**で工業が発達し工業都市が繁栄。**ピッツバーグ**は鉄鋼業の中心地，**デトロイト**は**大量生産方式**による**自動車製造業**の中心地として発展した。

❷ 新しい工業の中心地…1970年代以降，北緯37度以南の温暖な地域に新しい工業地域（**サンベルト**）が発達し，**情報通信技術（ICT）産業**をふくむ**先端技術（ハイテク）産業**がさかんとなっている。大学などの**研究施設**も集中。

- 南部…**ヒューストン**では近くに大油田があることから**石油化学工業**が発達。フロリダ半島では**宇宙産業**が発達している。

- 太平洋岸…**シアトル**や**ロサンゼルス**では航空機産業が発達。**サンフランシスコ**近郊の**シリコンバレー**は世界の情報通信技術産業をリードしている。

新しい工業の分野

- 宇宙産業・航空機産業
- エレクトロニクス産業
- バイオテクノロジー

高度の技術が求められ，いずれもアメリカ合衆国が世界をリードする。

ここ重要

> 南部には**ヒスパニック**とよばれる，スペイン語を話す移民が多い。

月　　日

8. 南アメリカ州

① 南アメリカの自然と歴史 ★

❶ 南北に長い大陸…太平洋側の西部には，6000mを超える山々がそびえる**アンデス山脈**が南北に7500kmにわたり連なる。その東には**アマゾン川**，ラプラタ川などの大河が流れ，**セルバ**とよばれる**熱帯雨林**や**パンパ**などの平原が広がる。北部にはギアナ高地，東部には**ブラジル高原**。気候は，赤道に近い北部は**熱帯**で，南に向かい**温帯**，**乾燥帯**へ移行。

アンデス山脈には，低緯度でも**高山気候**に属するところがある。

❷ 混じり合う人々…南アメリカにはもともと**先住民**が暮らし，特にアンデス山脈には**インカ帝国**などの高度な文明が栄えていた。16世紀になると**スペイン**や**ポルトガル**の植民地となり，ヨーロッパからの移民が増えた。農園の労働にアフリカの人々を**奴隷**として連れてきたため，**メスチソ**など混血の人々が増え，人種や文化の混じり合った社会となった。また，ブラジルでは多くの**日系人**が暮らしている。

② 豊かな鉱産資源と工業化が進むブラジル ★★

南アメリカは鉄鉱石（**ブラジル**），銅（**チリ**），原油（**ベネズエラ**），レアメタル（希少金属）などの鉱産資源が豊富で，開発が進んでいる。ブラジルは工業化が進み，自動車や航空機の製造がさかん。

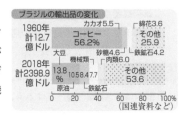

ブラジルの輸出品の変化

得点UP! ● 熱帯・温帯地域，高山気候地域など南アメリカ各地の気温と降水量のグラフを見て，その特徴（とくちょう）を確認（かくにん）しよう。

③ 農村の変化と環境（かんきょう）問題 ★★

❶ 伝統的な農業…土地がやせていて，農業に不向きだったアマゾン川流域では，熱帯林を焼いた灰を肥料とする**焼畑（やきはた）農業**が行われていた。

❷ 大農場での農業…19世紀初めごろから**コーヒー・バナナ・さとうきび**などの輸出用の**プランテーション農業**が進む。ブラジルの大農園のことを特に**ファゼンダ**という。

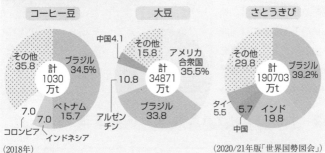

コーヒー豆・大豆・さとうきびの生産国

コーヒー豆
その他 35.8
計 1030万t
ブラジル 34.5%
ベトナム 15.7
コロンビア 7.0
インドネシア 7.0
(2018年)

大豆
中国4.1
その他 15.8
アメリカ合衆国 35.5%
計 34871万t
ブラジル 33.8
アルゼンチン 10.8

さとうきび
その他 29.8
計 190703万t
ブラジル 39.2%
インド 19.8
中国 5.7
タイ 5.5
(2020/21年版「世界国勢図会」)

❸ 近年の動向…アメリカ合衆国などの先進国向けに**飼料作物**となる大豆，**バイオエタノール**の原料となる**さとうきび**の栽培（さいばい）が，大型機械を導入して大規模に行われている。

バイオエタノールの製造から利用

光合成
大気へ
植物資源
吸収
さとうきび、とうもろこし、小麦など
二酸化炭素
エタノール工場
発酵・蒸留
燃料
エタノール
混合
自動車燃料
ガソリン

❹ 開発と環境保全…飼料作物やバイオエタノールの原料の生産拡大に伴（ともな）い，森林の大規模破壊（はかい）や土壌汚染（どじょうおせん）が問題となっている。大型の農業機械を使っての大規模栽培は，それまで農場で働いていた人々の失業につながる。経済の発展と環境保護を両立する**持続可能な開発**が課題。

ここ重要

バイオエタノールの原料はさとうきび・とうもろこし・小麦など。

part 1 社会
part 2 理科
part 3 数学
part 4 英語
part 5 国語

8 │ 南アメリカ州 │ 19

社会

9. オセアニア州

① オーストラリアの自然と歴史 ★★

オーストラリア大陸は雨が少なく、「乾燥大陸」とよばれる。18世紀末に**イギリス人**が移住・開拓→20世紀初めから1970年代にかけて白人以外の移民を禁止(**白豪主義**)。先住民の**アボリジニ**は内陸へ→政策を変えて移民を受け入れ、アジア系移民の増加→**多文化社会**へ。

グレートサンディー砂漠
インド洋
ケアンズ
グレートディバイディング山脈
グレートバリアリーフ
パース
グレートアーテジアン(大鑽井)盆地
シドニー
メルボルン
キャンベラ
グレートビクトリア砂漠
タスマニア島

■ 熱帯　■ 温帯　□ 乾燥帯

② オーストラリアの農牧業と鉱産資源 ★

羊の飼育地域は、比較的雨が多い南東部と南西部。牧畜と小麦などの作物栽培を組み合わせて行う。牛の飼育は、おもに北東部でさかん。また、**鉄鉱石**、**石炭**、**ボーキサイト**、金、銅などの産出・輸出は世界有数。大規模な**露天掘り**の鉱山もある。

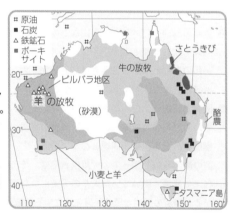

⊞ 原油
■ 石炭
△ 鉄鉱石
▲ ボーキサイト
さとうきび
ピルバラ地区
牛の放牧
羊の放牧
(砂漠)
酪農
小麦と羊
タスマニア島

ここ重要

オーストラリアの西部で鉄鉱石、東部で石炭が多く産出される。

③ アジアとの結びつきを強めるオーストラリア★★

オーストラリアの輸出品は1960年には**羊毛**が多かったが，近年は**石炭**や**鉄鉱石**といった鉱産資源の割合が高い。貿易相手国も，旧宗主国のイギリスから，**アジア**やアメリカ合衆国，太平洋諸国へと変わっている。

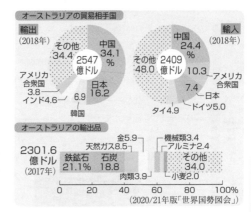

オーストラリアの貿易相手国

輸出（2018年） 2547億ドル：中国34.1%，日本16.2，韓国6.9，インド4.6，アメリカ合衆国3.8，その他34.4

輸入（2018年） 2409億ドル：中国24.4%，アメリカ合衆国10.3，日本7.4，ドイツ5.0，タイ4.9，その他48.0

オーストラリアの輸出品

2301.6億ドル（2017年）：鉄鉱石21.1%，石炭18.8，天然ガス8.5，金5.9，肉類3.9，機械類3.4，アルミナ2.4，小麦2.0，その他34.0

(2020/21年版「世界国勢図会」)

ここ重要

日本はオーストラリアから天然ガス，石炭，鉄鉱石などを輸入。

④ 太平洋に広がる島々★

多くは，**さんご礁**の島や火山の噴火でできた火山島。

ポリネシア・ミクロネシア・メラネシアの3つの地域に分類される。

ツバルやキリバスは地球温暖化による海面の上昇によって島が沈んでしまうことが懸念されている。

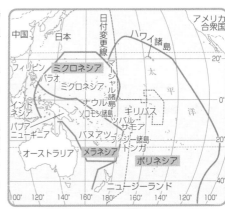

9 オセアニア州 21

part 1 社会
part 2 理科
part 3 数学
part 4 英語
part 5 国語

10. 人類の出現と古代文明

年号も
覚えねば！

時代	年代	世界のようす・日本のようす
旧石器時代	700〜600万年前	◆人類（猿人）の出現———立って歩く，道具の使用，知能の発達
	250万年前〜	◆氷河時代———氷期と間氷期のくり返し
		◆人類の進化———打製石器の使用
	200万年前	◆原人———火や言葉の使用
	20万年前	◆新人（ホモ・サピエンス）———現代人の直接の祖先
	3万年前	◆クロマニョン人———洞窟に壁画

岩宿遺跡（群馬県）
大型動物・打製石器
・交易

◀ラスコーの洞窟壁画

	1万年前	◆日本列島が形成される
縄文時代	前3000〜1500年ごろ	◆古代文明がおこる
		メソポタミア文明
		エジプト文明
		インダス文明
		中国文明
	前6世紀ごろ	◆孔子・シャカ（釈迦）が現れる
	前5世紀ごろ	◆ギリシャ文明が栄える
	前334年	アレクサンドロス大王が東方遠征を始める
弥生時代	前221年	秦の始皇帝が中国を統一
	前202年	前漢が中国を統一
	前27年	◆ローマ帝国が成立

メソポタミアやエジプト
をふくむ地域を
オリエントというよ。

◀パルテノン神殿（ギリシャ）

始皇帝は
万里の長城を
築いたよ。

① 道具の発達と人類の歩み★

❶ 道具による時代区分…石器(旧石器・新石器)→金属器(青銅器・鉄器)へ。

❷ 旧石器時代…打製石器，狩り・採集→移動生活。

❸ 新石器時代…磨製石器，農耕・牧畜→定住生活。

② 人類の出現と古代文明★★

❶ 人類の出現…猿人→原人→新人へと進化。

　●猿人…700〜150万年前。サヘラントロプス－チャデンシス。

　●原人…200〜40万年前。ジャワ原人，北京原人。

　●新人…約20万年前。クロマニョン人。

古代文明がおこった地域

❷ 古代文明…大河のほとりで発達。

　●メソポタミア文明…ティグリス・ユーフラテス川流域。くさび形文字，太陰暦，60進法，ハンムラビ法典。

　●エジプト文明…ナイル川流域。象形文字，太陽暦，ピラミッド。

　●インダス文明…インダス川流域。インダス文字，都市遺跡(モヘンジョ－ダロなど)，身分制度(カースト制度)。

　●中国文明…前16世紀ごろ，黄河流域に中国最古の王朝の殷が成立。占いによる政治や祭りを行い，青銅器や甲骨文字を使用。

❸ ギリシャ・ローマの文明

　●ギリシャ…前8世紀ごろから都市国家(ポリス)が成立，前5世紀ごろにアテネを中心に最盛期を迎える。芸術・哲学・文学などが発達。

　●ローマ…前27年に地中海一帯を支配してローマ帝国を築く。広大な領土を支配するため，法律を制定し，道路や水道を整備。

社会

月　日

11. 日本の成り立ちと国家の形成

年号も
覚えねば！

時代	中国	年代	おもなできごと・文化
縄文時代		1万年前ごろ	◆日本列島が形成される
	殷	前1050ごろ	殷王朝が滅びる
		前300ごろ	◆稲作・金属器の使用が始まる
弥生時代	秦	前221	秦の始皇帝が中国を統一
	前漢	前202	前漢が中国を統一
		前4ごろ	◆イエスが生まれる
	後漢	25	後漢が中国を統一
		57	倭の奴国の王が後漢に使いを送る
	三国時代		◆東西文化の交流 シルクロード(絹の道)
		239	邪馬台国の女王卑弥呼が魏に使いを送る
古墳時代			◆大和政権の統一が進む
		391ごろ	倭軍が朝鮮半島に出兵
	南北朝	478	倭王武が南朝に使いを送る
		6世紀半ば	◆百済から仏教が伝わる

縄文文化
縄文土器
貝塚, 土偶
たて穴住居

弥生文化
弥生土器
高床倉庫
銅剣, 銅矛
銅鐸, 銅鏡

古墳文化
古墳, 埴輪
勾玉, 銅鏡

① 農耕の広まりと生活の変化★

❶ 縄文時代（およそ1万2000年前～紀元前4世紀）
- 生活…狩りや漁，木の実の採集，たて穴住居。
- 祈り・儀式…土偶，屈葬，抜歯。

❷ 弥生時代（紀元前3世紀～紀元4世紀）
- 生活…稲作の広まり，高床倉庫，むらの形成。青銅器・鉄器の使用(中国・朝鮮半島より)。有力者(豪族)や王の出現。
- 祭りごと…銅鏡・銅鐸・銅剣・銅矛などを使用。
- 遺跡…登呂(静岡県)，吉野ヶ里(佐賀県)。

◀縄文土器

◀弥生土器

得点UP!
● 各時代の重要な遺跡の名称を覚えよう。
● 4世紀～5世紀ごろの東アジアの地図を確認しよう。

② むらからくにへ（紀元前後～紀元3世紀ごろ）★★

❶ 『漢書』地理志…倭(日本)には100余りの国がある(紀元前1世紀ごろ)。
❷ 『後漢書』東夷伝…倭の奴国の王に対して，後漢の光武帝が「漢委奴国王」の金印を与える(1世紀半ばごろ)。
❸ 魏志倭人伝…邪馬台国の女王卑弥呼が，倭の30余りの国を従えている。「親魏倭王」の称号を与えられる(3世紀ごろ)。

③ 大和政権の発展と東アジア（3世紀～6世紀ごろ）★★

❶ 古墳の広がりと文化圏の形成
　　● 大和政権の発展とともに前方後円墳が分布。

❷ 大和政権の発展
　　● 『宋書』…倭王武の手紙に東西の国や海を渡って国を従えたとある(5世紀ごろ)。
　　● 3世紀後半に大和政権が成立し，5世紀にかけて大王を中心とするしくみができ，九州から東北南部の豪族を従える。

おもな古墳の分布
◯ 古墳が多い地域
∴ おもな古墳
稲荷山古墳
大仙古墳（仁徳陵古墳）
江田船山古墳

❸ 東アジアのようすと大陸文化の伝来
　　● 朝鮮半島では，北部の高句麗，南部の百済・新羅が勢力を争う→大和政権は百済や伽耶地域(任那)の国々と結び，高句麗や新羅と戦う。
　　● 渡来人(中国・朝鮮半島から日本列島に移り住んだ人々)が大陸文化を伝える→須恵器，鉄製農具，漢字，儒学，仏教，土木や織物の技術。

ここ重要

大和政権は，大王を中心とする豪族たちの連合政権であった。

社会 part1
理科 part2
数学 part3
英語 part4
国語 part5

社会

月　　日

12. 聖徳太子の政治と律令国家の成立

年号も
覚えよう！

時代	中国	年代	おもなできごと・文化
古墳時代	隋	589	隋が中国を統一
		593	聖徳太子が推古天皇の摂政となる
		603	冠位十二階の制定
		604	十七条の憲法の制定
		607	遣隋使として小野妹子を派遣
飛鳥時代	唐	618	唐が中国を統一
		630	第1回遣唐使の派遣
		645	大化の改新が始まる
			（中大兄皇子と中臣鎌足らが蘇我氏を倒す）
		663	白村江の戦い
		672	壬申の乱（皇位をめぐる内乱）
		676	新羅が朝鮮半島を統一
		694	藤原京に都を移す
		701	大宝律令の制定
奈良時代		710	平城京に都を移す
		743	墾田永年私財法が出される
		752	東大寺の大仏が完成

飛鳥文化

● 日本で最初の

仏教文化

四天王寺

法隆寺

金堂，五重塔

釈迦三尊像

天平文化

● 仏教と唐の影響

『古事記』

『日本書紀』

正倉院と宝物

『万葉集』

ここ重要

聖徳太子が建てた法隆寺は，現存する世界最古の木造建築物。

① 聖徳太子（厩戸皇子）の政治 ★★★

❶ 冠位十二階…家柄にとらわれず，才能や功績
のある人を役人に取り立てる。

❷ 十七条の憲法…役人の心構え，天皇中心の政
治を示す。

❸ 遣隋使の派遣…隋の進んだ政治制度や文化を取り入れる。

一に曰く，和をもって貴
しとなし，さからうこと
なきを宗とせよ。

▲十七条の憲法（一部）

② 大化の改新と政治の方針 ★★

❶ 大化の改新…**中大兄皇子**(のちの天智天皇)，**中臣鎌足**(のちの藤原鎌足)らが**蘇我蝦夷・入鹿**の親子を倒し，新しい支配のしくみづくりを始める。

❷ 政治の進展

● 全国の土地や人民を国家が直接支配する(**公地・公民**)。

● **権力の集中**をめざすため，朝廷や地方のしくみを整える。

● **戸籍**の作成→農民に**口分田**を与えるかわりに新しい税を課す。

③ 大宝律令の制定(唐の律令制にならう) ★★

❶ 律令制…律は刑罰のきまり，令は政治を行うためのきまり。

❷ 官制…中央─二官八省
地方─国司・郡司

❸ 身分制度…良民と賤民

❹ 班田収授法… 6 歳以上の男女に口分田を与える。

❺ 税制…租・調・庸のほかに雑徭や兵役(防人など)。

律令による政治のしくみ

地方
九州＝大宰府(外交)
諸国＝国司
里＝里長
郡＝郡司

中央
神祇官
太政官
{右大臣・左大臣・太政大臣}
二官

八省
宮内省・大蔵省・刑部省・兵部省・民部省・治部省・式部省・中務省

④ 平城京と農民の生活，天平文化(奈良時代) ★★★

❶ 平城京…唐の都の**長安**(現在の西安)にならう。

❷ 聖武天皇の政治…仏教の力で国を守り，人々の不安を取り除く。都に東大寺を建て，金銅の大仏をつくらせ，国ごとに**国分寺・国分尼寺**を建立。

❸ 農民の生活…税のほかに兵役や労役など重い負担に苦しむ。戸籍や性別を偽ったり，村から逃亡したりする者も現れる。

❹ 墾田永年私財法…**貴族**や**寺院**が開墾→私有地(**荘園**)の増加。

❺ 天平文化(聖武天皇のころ)…遣唐使がもたらした国際的な文化。
● 東大寺正倉院の宝物 ● 『**古事記**』『**日本書紀**』 ● 『**万葉集**』・『**風土記**』

13. 貴族の政治と国風文化

年号も覚えねば！

時代	中国	年代	おもなできごと・文化
平安時代	唐	794	平安京に都を移す
		797	坂上田村麻呂が征夷大将軍に任命される
		866	藤原良房が摂政となる
		887	藤原基経が関白となる
		894	遣唐使が停止される
	―	907	唐が滅びる
	五代	936	高麗が朝鮮半島を統一 コリョ
	―	960	宋がおこる
			◆荘園が広まる
	宋（北宋）	1016	藤原道長が摂政となる
			◆藤原氏が全盛となる
			◆浄土信仰がさかんになる
		1069	後三条天皇の荘園整理令

新しい仏教
天台宗
真言宗

国風文化
寝殿造
仮名文字の発明
『古今和歌集』
（紀貫之ら）
『枕草子』清少納言
『源氏物語』紫式部
大和絵・絵巻物
平等院鳳凰堂

① 桓武天皇の政治と平安京 ★★

❶ 平安京に遷都…貴族や僧の間の勢力争いから政治を立て直すために，784年に長岡京に，794年に**平安京**に都を移す。

❷ 律令政治の立て直し
● 国司や郡司の監督を強化し，不正を取り締まる。
● 班田収授法を改正し，口分田の支給を6年から12年ごとにする。

❸ 東北地方の支配…**坂上田村麻呂が征夷大将軍**として蝦夷を平定する。

東北の支配

△朝廷が設置した城または柵（数字は設置年）

秋田城（733年）
志波城（803年）
出羽柵（708年）
胆沢城（802年）
磐舟柵（648年）
多賀城（724年）
渟足柵（647年）
白河関
勿来関

得点 UP!
● 国風文化が栄えた政治的な背景について考えよう。
● 大和絵に描かれている当時の服装や住居を確認しよう。

② 藤原氏の政治★★★

藤原氏は娘を天皇のきさきにし，その子を次の天皇に立て，天皇が幼いときには摂政，成長すると関白という役職に就いて政治を動かす。これを摂関政治といい，藤原道長・頼通親子のころ，最も安定する。

◀道長がよんだ歌

「この世をば わが世とぞ思ふ 望月（満月）の 欠けたること も 無しと思へば」『小右記』

▲藤原道長

同じころ 10世紀，唐が滅び，宋が中国を統一する。また，高麗（コリョ）が新羅（シルラ）を滅ぼし，朝鮮半島を統一する。

③ 新しい仏教と国風文化★★

❶ 新しい仏教（平安時代初期）…密教，厳しい修行や学問。
● 最澄（伝教大師）…天台宗を伝え，比叡山に延暦寺を建てる。
● 空海（弘法大師）…真言宗を伝え，高野山に金剛峯寺を建てる。
❷ 国風文化（摂関政治のころ）…遣唐使の停止で日本独自の文化が発展。
● 寝殿造…美しい庭園を取り入れた貴族の住居。
● 仮名文字の使用…女性による文学作品が多く生まれる。

ここ重要

国風文化の代表的な文学作品として，紫式部の『源氏物語』や清少納言の『枕草子』がある。

④ 浄土信仰★

❶ 11世紀半ば，念仏を唱えて阿弥陀如来にすがり，死後に極楽浄土へ生まれ変わることを願う浄土信仰が，貴族を中心におこる。
❷ 藤原頼通は，極楽浄土をこの世に再現しようとして，宇治（京都府）に平等院鳳凰堂をつくる。

part 1 社会
part 2 理科
part 3 数学
part 4 英語
part 5 国語

part1
社会
14. 武士の成長と鎌倉幕府

年号も覚えねば！

時代	中国	年代	おもなできごと・文化
平安時代	宋（南宋）	1086	白河上皇が**院政**を始める
		1156	**保元の乱**
		1159	**平治の乱**
		1167	**平 清盛**が**太政大臣**となる
		1185	源 義経のはたらきにより壇ノ浦の戦いで平氏が滅びる
			源 頼朝が**守護・地頭**を置く
		1192	源頼朝が朝廷から征夷大将軍に任命される
鎌倉時代		1203	北条氏が執権となり，頼朝が開いた**鎌倉幕府**の実権を握る
		1221	**承久の乱**がおこる
	モンゴル	1232	**北条泰時**が御成敗式目（貞永式目）を制定する
		1268	**北条時宗**が執権となる
		1274	**文永の役**
		1281	**弘安の役**
	元	1297	**永仁の徳政令**が出される
		1333	鎌倉幕府が滅びる

鎌倉文化

● **朝廷の文化**
『**新古今和歌集**』

● **新しい仏教**
浄土宗，浄土真宗
時宗
臨済宗，曹洞宗
日蓮宗

● **武士の文化**
東大寺南大門
金剛力士像

『**平家物語**』
『**徒然草**』

① 武士のおこり★

❶ 武士の登場…10世紀ごろ，戦いの技術に優れた都の武官や地方の豪族たちが，天皇の住まいや役所の警備，犯罪の取り締まりなどを担当。地方の武士たちは，貴族を主人に迎え，多くの家来を従えて**武士団**を形成。

❷ 武士の成長…関東の平将門の乱や西日本の藤原純友の乱の平定で武士が活躍→**平氏**と**源氏**が台頭。11世紀後半，東北での前九年合戦・後三年合戦を源氏が平定する。

❸ 院政…1086年，白河天皇が**上皇**となって院で政治を行う。

●保元の乱，平治の乱は天皇と上皇の対立によるものだったこと
をおさえよう。

② 平氏の政権（初めての武士政権）★★

❶ 保元の乱・平治の乱に勝利した平氏が政治の実権を握る。

❷ 武士として初めて**太政大臣**となった**平 清盛**は一族を高位高官につけ，公
領と広大な荘園を支配。兵庫（神戸市）の港を整備し，中国の**宋**と貿易。

③ 鎌倉幕府の成立と政治のしくみ★★★

❶ **源 頼朝**が本格的な武士の政権である**鎌倉幕府**を開く。

❷ **封建制度**を整える。

御恩と奉公

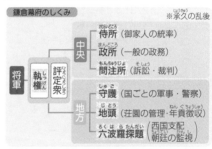

鎌倉幕府のしくみ　　※承久の乱後

❸ 頼朝の死後は，**北条氏**が**執権**として政治の実権を握る。

❹ 執権**北条泰時**が，武士の慣習に基づいた**御成敗式目**（貞永式目）を制定。

④ 元の襲来（元寇）と幕府★★★

❶ 元の皇帝**フビライ＝ハン**が日本に服属を要求。

❷ 執権**北条時宗**が要求を拒否→元軍の2度の侵
攻（**元寇**＝文永の役・弘安の役）。

❸ 御家人の活躍や暴風雨で，元軍は撤退。

❹ 十分な恩賞がなく，御家人の負担増加。

❺ 幕府は**徳政令**を出すが，社会は混乱。

東大寺南大門の金剛力士像に代表される，武士の気風に合った
力強い鎌倉文化が発展。

| 14 | 武士の成長と鎌倉幕府 | 31

15. 室町幕府と民衆の成長

年号も覚えねば!

時代	中国	年代	おもなできごと・文化
南北朝時代	元	1334	建武の新政(後醍醐天皇)
		1336	朝廷が南北に分かれ対立する
		1338	足利尊氏が征夷大将軍となり, 幕府を開く
			◆倭寇の活動が活発になる
		1368	元が滅び, 明がおこる
室町時代	明	1378	足利義満が室町に幕府を移す
		1392	南北朝の統一
			李成桂が朝鮮国を建国
		1404	日明貿易(勘合貿易)が始まる
			◆市がさかんになる
			◆守護大名が力をもつ
		1428	正長の土一揆がおこる
		1429	尚氏が琉球を統一
戦国時代		1467	応仁の乱がおこる(〜77)
			◆戦国の世となる
			◆下剋上の風潮が広がる
		1485	山城国一揆がおこる
		1488	加賀の一向一揆がおこる

Ⓐ金閣

室町文化

●北山文化
鹿苑寺(金閣, 足利義満)
能(観阿弥・世阿弥)

●東山文化
慈照寺(銀閣, 足利義政)
書院造, 茶の湯
水墨画(雪舟)
御伽草子

① 鎌倉幕府の滅亡と建武の新政 ★★

❶ 後醍醐天皇が楠木正成や足利尊氏・新田義貞らを味方につけ, 鎌倉幕府を倒す。

❷ 建武の新政…後醍醐天皇による, 天皇・貴族を中心とする政治。足利尊氏が武士政治の復活をよびかけて兵を挙げたため, 2年余りで終わる。

ここ重要

後醍醐天皇は,足利尊氏に都を追われ吉野(奈良県)に南朝を立てる。

part 1 社会
part 2 理科
part 3 数学
part 4 英語
part 5 国語

② 室町幕府のしくみと南北朝の統一 ★★★

❶ 足利尊氏が新しい天皇を立て(北朝), 征夷大将軍となり京都に幕府を開く。

❷ 足利義満の政治

● 京都の室町に御所を置く→室町幕府。

● 南北朝を統一する。

● 日明貿易(勘合貿易)→倭寇と区別するため勘合という証明書をもたせる。

❸ 守護大名の出現…守護が国司の権限を吸収し, 国内の武士をまとめ, 独自に支配。

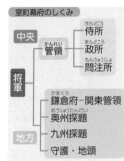

室町幕府のしくみ

中央 ─ 管領 ┬ 侍所
            ├ 政所
            └ 問注所

将軍

地方 ┬ 鎌倉府－関東管領
     ├ 奥州探題
     ├ 九州探題
     └ 守護・地頭

┌──────────────────────────────┐
│ 同じころ ⟷ 琉球(沖縄県)では1429年に琉球王国が成立し, 日本・明・ │
│ 朝鮮・東南アジアを結ぶ中継貿易で栄える。 │
└──────────────────────────────┘

③ 産業の発展と民衆の成長 ★★

❶ 手工業の発展…西陣織(京都府), 美濃(岐阜県)の和紙, 瀬戸(愛知県)の陶器など, 特産物が各地でつくられる。

❷ 農業の発展…牛馬耕, 二毛作, 肥料の使用, 茶などの商品作物。

❸ 経済の発展…定期市, 座(商工業者の同業者組合), 馬借(運送業者)。

❹ 民衆の成長 ┬ 惣…農村の自治組織, 寄合で村の掟などを決める。
            └ 町衆…町の自治組織。京都などの自治都市。

❺ 民衆たちの一揆…正長の土一揆, 山城国一揆, 加賀の一向一揆。

❻ 庶民文化の発展…猿楽・田楽・能(観阿弥・世阿弥), 狂言, 御伽草子, 茶の湯, 生け花。

一向一揆は浄土真宗の信徒がおこしたんだよ。

④ 応仁の乱と戦国時代 ★★

❶ 応仁の乱をきっかけに戦乱の世となり, 下剋上の風潮が広がる。

❷ 戦国大名の登場…分国法を制定し, 領国を統制。城下町を形成。

part **1**

社会

16. ヨーロッパ人の世界進出

月　　日

時代	年代	おもなできごと・文化
古墳時代 飛鳥時代	375	ゲルマン人の移動
	395	ローマ帝国が東西に分裂
	476	西ローマ帝国が滅びる
	610ごろ	イスラム教がおこる
	661	イスラム帝国が成立
平安時代	1096	十字軍の遠征が始まる(～1270)
室町時代	1492	コロンブスが西インド諸島に到着
	1498	バスコ=ダ=ガマがインドに到着
	1517	ルターが宗教改革を始める
	1519	マゼラン一行が世界一周(～22)
	1534	イエズス会設立
安土桃山時代	1600	イギリス,東インド会社を設立
	1602	オランダ,東インド会社を設立

イスラム文化

『アラビアン-ナイト』
紙,火薬,占星術

ルネサンス
(14～16世紀)

『神曲』(ダンテ)

「ダビデ」
(ミケランジェロ)

「モナ=リザ」(レオナル
ド=ダ=ビンチ)

地動説(コペルニクス)

① 中世ヨーロッパのキリスト教とイスラム教★

❶ 西ヨーロッパ…**カトリック教**
会の**ローマ教皇(法王)**が大き
な力をもつ。

❷ 東ヨーロッパ…ビザンツ帝国
と結んだ**正教会**ができる。

❸ 東方…**イスラム教**の国々が力
をのばす→ローマ教皇が聖地
エルサレムの奪回をよびかけ→**十字軍の遠征**。

ここ重要

> 十字軍の遠征は,ヨーロッパにイスラム文化をもたらした。

得点UP! ●スペインやポルトガルがアメリカやアフリカを植民地にしたことで、現地にはどのような影響があったか確認しよう。

② ルネサンスと宗教改革★★

古代、中世、ルネサンスの文化を比べてみよう。

❶ ルネサンス（文芸復興、14〜16世紀）
- 古代ギリシャ・ローマの文化を手本に、人間の新しい考え方を探る。
- イタリアから西ヨーロッパ各地に広がる。

❷ 宗教改革…ルターやカルバンが、ローマ教皇やカトリック教会の免罪符販売を批判し、聖書をよりどころとする教えを説く→プロテスタント。

❸ カトリック内部の改革…イエズス会結成→厳しい戒律と海外布教→フランシスコ＝ザビエルの来日。

③ 新航路の開拓とヨーロッパのアジア進出★★

新航路発見の必要性
- キリスト教を広める。
- イスラム商人が仲介していたアジアの物産が高価。
- 香辛料の需要拡大。
- スペイン・ポルトガルが富国政策として推進。

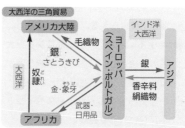

17. 天下統一への歩み

社会

時代	中国	年代	おもなできごと・文化
室町時代		1543	鉄砲が伝わる
		1549	フランシスコ＝ザビエルがキリスト教を伝える
		1560	桶狭間の戦い（織田信長が今川義元を破る）
		1568	信長が京都に入る
		1573	室町幕府が滅びる
戦国時代	明	1575	長篠の戦い
		1582	本能寺の変（信長が明智光秀に襲われ自害）
			太閤検地が始まる（～98）
			天正遣欧使節出発（～90）
安土桃山時代		1588	刀狩令
		1590	豊臣秀吉が全国を統一
		1592	文禄の役（～93）｜秀吉の
		1597	慶長の役（～98）｜朝鮮侵略
		1600	関ヶ原の戦い

桃山文化
城郭（姫路城）
障壁画（狩野永徳）
わび茶（千利休）
陶磁器，浄瑠璃
かぶき踊り
南蛮文化

① ヨーロッパ人との出会い★★★

❶ **鉄砲の伝来**…**種子島**に漂着した中国船に乗っていた**ポルトガル人**が伝える。戦国大名により各地に広まる。**堺**（大阪府），**国友**（滋賀県）などで生産。

❷ **キリスト教の伝来**…**イエズス会**の宣教師**フランシスコ＝ザビエル**が鹿児島に上陸し伝える。

❸ **キリスト教の広まり**…**キリシタン大名**の豊後（大分県）の**大友宗麟**などが，ローマ教皇へ**天正遣欧使節**を派遣。

❹ **南蛮貿易**…ポルトガル，スペインと**平戸**（長崎県）や**長崎**で貿易。

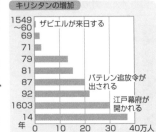

キリシタンの増加
「日本キリスト教史」

② 織田信長の統一事業 ★★

❶ 室町幕府を滅ぼす。

❷ 鉄砲隊の活用。長篠の戦いで武田軍を破る。

❸ 安土城下で楽市・楽座の政策(税の免除・座の特権の廃止)を行う。

❹ 比叡山延暦寺, 一向一揆などを弾圧し, キリスト教を保護。

❺ 本能寺の変…家臣の明智光秀に背かれ, 本能寺(京都府)で自害。

織田信長の勢力範囲

1573年 室町幕府滅亡
1571年 延暦寺焼き討ち
ラスすぎかけうじ
上杉景勝
明智光秀
柴田勝家
毛利輝元
羽柴秀吉
京都
安土
北条氏政
長宗我部元親
徳川家康
1560年 桶狭間の戦い
1575年 長篠の戦い
1582年(武田氏旧領を合併)ごろ

■ 1560年(桶狭間の戦い)ごろ
■ 1575年(長篠の戦い)ごろ
■ 1582年(武田氏旧領を合併)ごろ
● 親信長・信長配下の大名
● 反信長の勢力

③ 豊臣秀吉の統一事業 ★★★

❶ 信長の後継者として, 大阪城を築き, 全国統一。

❷ 兵農分離…武士と農民の身分の区別を明確化。

● 太閤検地…ものさしやますを統一し, 田畑の面積や土地のよし悪しを調べ, 予想される収穫量を石高で表した。

● 刀狩…一揆を防ぐため, 農民から武器を没収。

❸ 秀吉の対外政策

● キリスト教の宣教師を国外追放(バテレン追放令)するが, 南蛮貿易は奨励する。

● 朝鮮侵略…文禄の役・慶長の役→失敗。

豊臣秀吉の朝鮮侵略

→ 文禄の役(1592~93年)の日本軍の進路
→ 慶長の役(1597~98年)の日本軍の進路
× 海戦が行われたところ

明
明軍
会寧
平壌
漢城(現在のソウル)
ピョンヤン
天安
黄海
全州
チョンジュ
慶州
ケイシュウ
海南
朝鮮水軍
釜山
プサン
対馬
名護屋
日本海

ここ重要

大名や大商人の力を背景に雄大で豪華な桃山文化が生まれた。

18. 江戸幕府の成立と鎖国

年号も覚えねば！

時代	中国	年代	おもなできごと
江戸時代	明	1603	徳川家康が征夷大将軍となり，**江戸幕府**を開く
			◆東南アジアに日本町が栄える
		1612	キリスト教禁止令（禁教令）（幕領のみ，翌年全国に）
		1615	大阪の陣で豊臣氏が滅びる
			武家諸法度・禁中並公家諸法度
		1616	ヨーロッパ船の寄港地を
			長崎・平戸に制限する
		1624	スペイン船の来航禁止
		1635	参勤交代の制度化
			日本人の海外渡航・帰国の禁止
		1637	島原・天草一揆がおこる（〜38）
		1639	ポルトガル船の来航禁止
		1641	平戸のオランダ商館を長崎の出島に移す→鎖国
		1643	田畑永代売買の禁止令

▲絵　踏

① 江戸幕府のしくみ ★★

```
          ┌─ 大老（臨時の最高職）
          │
江戸       ├─ 老中 ──────────┬─ 大目付（幕政の監督など）
          │   （政務全般）      │
将軍       │                   ├─ 町奉行（江戸の町政など）
          ├─ 若年寄（老中の補佐）│
          │                   ├─ 勘定奉行（幕府の財政・幕領の監督）
          └─ 寺社奉行（寺社の取り締まり）
                               └─ 遠国奉行（京都・大阪・長崎などの支配）

地方      ┌─ 京都所司代（朝廷と西日本の大名の監視）
          └─ 大阪城代（西日本の軍事を担当）
```

ここ重要

幕府の大名統制…大名の配置・参勤交代・武家諸法度

得点 **UP!** ● 幕府は大名の配置をどのようにくふうしたか調べよう。
● 松前藩とアイヌの人々の交易はどのようなものだったか確認しよう。

② さまざまな身分と暮らし ★★

❶ 身分制の強化…**武士**と**百姓・町人**に区別。

　武士は支配身分として特権をもつ。

❷ 村と百姓…村役人(名主・庄屋, 組頭, 百姓代)による村の自治。**五人組**がつくられ, 年貢の納入や犯罪の防止などに連帯責任。

❸ えた・ひにん身分…住む場所や職業, 服装の制限。

身分別人口の割合
えた身分・ひにん身分1.5
町人 ─── 公家・神官
武士 5 　僧侶など
7 1.5
全人口
約3200
万人
百姓(おもに農民)
85%
(江戸時代末)
(「近世日本の人口構造」)

③ 貿易の振興から鎖国へ ★★★

❶ 朱印船貿易…渡航を許す**朱印状**を発行。東南アジア各地に**日本町**ができる。オランダ・イギリスとも貿易。

❷ キリスト教の禁止…**絵踏**・宗門改。

❸ 貿易統制…スペイン船の来航禁止→日本人の海外渡航・帰国禁止→**島原・天草一揆**の鎮圧→ポルトガル船の来航禁止→オランダ商館を**出島**へ→**鎖国**。

朱印船の航路と日本町
▲ おもな日本町所在地
● おもな日本人在住地
── 朱印船の主要航路
■ スペイン領(17世紀)
■ オランダ領 前半
長崎　日本
鹿児島
シャム　ルソン
カンボジア
ミンダナオ島
ボルネオ島
スマトラ島　セレベス島
ジャワ島

④ 鎖国下の貿易・国交 ★★

オランダはキリスト教を布教しなかったから貿易が許されたんだ。

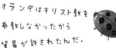

四つの窓口
―長崎→オランダ・中国との貿易。
―対馬藩→**朝鮮**との貿易, 朝鮮通信使の来日。
―薩摩藩→**琉球王国**を支配。琉球使節。
―松前藩→アイヌの人々(蝦夷地)との交易。シャクシャインの戦い。

part 1 社会
part 2 理科
part 3 数学
part 4 英語
part 5 国語

19. 江戸時代の社会と幕府政治の改革

社会

年号も覚えねば！

時代	中国	年代	おもなできごと・文化
江戸時代	清	1680	徳川綱吉が5代将軍となる
		1685	生類憐みの令が出される
		1709	新井白石の政治 ＝正徳の治（〜16）
		1716	享保の改革（〜45）
		1721	目安箱の設置
		1732	享保のききん
		1742	公事方御定書の制定
		1772	田沼意次が老中となる ◆問屋制家内工業が発達
		1782	天明のききん（〜87）
		1787	寛政の改革（〜93）
		1792	ラクスマンが根室に来航 ◆工場制手工業が始まる
		1825	異国船打払令
		1833	天保のききん（〜39）
		1837	大塩の乱
		1839	蛮社の獄がおこる
		1841	天保の改革（〜43）

元禄文化

●上方（京都や大阪）が中心
浮世草子（井原西鶴）
人形浄瑠璃（近松門左衛門）
俳諧（松尾芭蕉），歌舞伎，
浮世絵（菱川師宣）

化政文化

●江戸が中心
俳諧（与謝蕪村，小
林一茶），川柳・狂歌
浮世絵（錦絵）（葛飾北斎，
歌川広重）
国学『古事記伝』（本居宣長）
蘭学『解体新書』（杉田玄白ら）
日本全図（伊能忠敬）

① 産業の発達 ★★

❶ 農業…新田開発←用水・干拓。農具の進歩→備中ぐわ・千歯こき・唐箕。
商品作物の栽培→藍・紅花（染料）・菜種（油）・綿（木綿）。

❷ 鉱山…佐渡（金山），生野・石見（銀山），足尾・別子（銅山）。

❸ 商業…株仲間（商工業者の同業者組合），両替商（三井・鴻池）。

ここ重要

大阪は，諸藩の蔵屋敷が置かれ，「天下の台所」といわれた。

得点UP!
● 産業の発達を支えた街道や航路について調べよう。
● 大塩の乱が幕府に衝撃を与えた理由を考えよう。

② 社会の混乱と幕府政治の立て直し★★★

❶ 5代将軍綱吉(文治政治)…儒学奨励。寺院建設→財政悪化→**貨幣の質を落とす**→物価上昇→社会混乱。生類憐みの令。

❷ **新井白石の政治(正徳の治)**…貨幣の質を元に戻す→物価の安定，長崎貿易を制限→金の流出をおさえる。

❸ 貨幣経済の広がりと百姓一揆
  ● 綿織物業，絹織物業の発展。
  ● 貨幣で農具や肥料を購入するようになり，農民に貧富の差が拡大。
  ● (農村で)家内工業→**問屋制家内工業**→**工業制手工業**。
  ● 農村で百姓一揆(農民が税の軽減要求)，都市で打ちこわしが多発。

❹ 幕府政治の改革…財政の立て直しと幕府の力の回復をはかる。

享保の改革	寛政の改革	天保の改革
● 8代将軍 徳川吉宗 家康の政治を理想	● 老中 松平定信 家斉(11代)を補佐	● 老中 水野忠邦 家慶(12代)を補佐
● 改革の内容	● 改革の内容	● 改革の内容
• 質素・倹約・武芸の 奨励	• 倹約令	• 倹約令
• 有能な人材登用	• 囲米の制	• **株仲間の解散**(物価を 引き下げるため)
• **公事方御定書**	• 棄捐令(旗本・御家人 の救済)	• 人返しの法(農村の人 口対策)
• 目安箱	• 人足寄場	• 上知令(江戸・大阪周 辺の幕領化)
• 上げ米の制	• 昌平坂学問所で朱子 学を正学に	
• 新田開発		
財政は一時的に回復した が長続きしなかった。	武士や民衆の不評を招き， 6年余りで失脚。	内容が厳しすぎたため， わずか2年で失敗。

ここ重要

老中田沼意次は株仲間を公認するなど経済活動を重視した。

理科

物理　　　　　　　　　　　　　　　　　　　月　　日

1. 光の反射と屈折

① 光の直進 ★

❶ 太陽や電灯，ろうそくの炎のように自ら光を
出す物体を**光源**という。

❷ 光源から出た光は，四方八方に**直進**する。

光は四方八方に直進する。
光源

② 光の反射 ★★★

❶ 鏡にあてた**入射光**と，
鏡に垂直な線（垂線）
とがなす角を**入射角**と
いう。

❷ 鏡からはね返った**反射
光**と，鏡に垂直な線
（垂線）とがなす角を**反
射角**という。

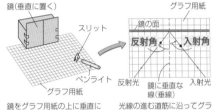

鏡をグラフ用紙の上に垂直に
たてて，ペンライトの光をス
リットを通して鏡にあてる。

鏡線の進む道筋に沿ってグラ
フ用紙上に印をつけ，線を引
く。

🔺光の反射

❸ でこぼこした面では，光は**乱反射**する。

ここ重要

入射角＝反射角　（反射の法則）

③ 鏡にうつる像 ★★

❶ 1つの物体から出た光が鏡に**反射**して目に入
るとき，鏡の向こう側に物体があるように見
える。➡**像**が見える。

❷ 鏡に対して物体とは反対側で同じ距離の所に
像が見える。

　• 鏡をはさんで**対称**の位置に像が見える。

　• 像から目に向かって光線が届く。

出た光が目に入るまでの
道筋
（鏡）
像
物体
距離が等しい

ここ重要

反射光は，像と目の位置を結んだ直線になる。

④ 光の屈折★★★

❶ 光が2種類の物質を通るとき，光線はその境界面で**屈折**と**反射**をする。

❷ 境界面に対する垂線と，屈折した光が進む道筋とのなす角を**屈折角**という。

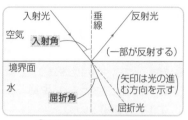

▲空気中から水中への光の進み方

❸ 空気中から，水中やガラス中に光線が進むとき，屈折角は入射角よりも**小さい**。

❹ 水中やガラス中から空気中に光線が進むとき，屈折角は入射角よりも**大きい**。入射角を大きくしていくと，入射角よりも先に

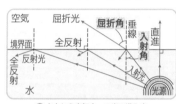

▲水中から空気中への光の進み方

屈折角が90°になる。以後，入射角を大きくしても，光線は屈折することなく境界面ですべて反射する。このような現象を**全反射**という。

ここ重要

▶ 空気中から水中への光 ⇒ 入射角＞屈折角
▶ 水中から空気中への光 ⇒ 入射角＜屈折角

これ 暗記

光の角 は，
入射角・反射角・屈折角

<u>スイセン</u> <u>咲いて</u> <u>その間</u>
　垂線　　　　ひいて　　　その間の角

入射角・反射角・屈折角は，境界面に垂直な線（垂線）
を引いた，その間の角度。

月　　日

2. 凸レンズと像

1 凸レンズを通る光 ★★

❶ 凸レンズ…虫眼鏡のように中央
が厚く，まわりがうすいレンズ
を凸レンズという。

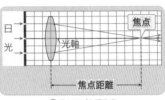

▲凸レンズを通る光

❷ 光軸…凸レンズの中心を通り，
レンズの面に垂直な直線を光軸
(凸レンズの軸)という。

❸ 焦点と焦点距離…光軸に平行な光線を凸レンズにあてると，レンズを通
った光線が光軸上の1点に集まる。この点を焦点という。この点からレ
ンズの中心までの距離を焦点距離という。一般に，レンズのふくらみが
大きいほど，焦点距離は短い。

> **ここ注意!**
>
> 光軸に平行な光線が凸レンズを通り，光軸と交わるところを焦点と
> いう。1つの凸レンズでは，同じ距離の反対側にも焦点がある。

2 凸レンズを通った光線の進み方 ★★★

❶ 光軸に平行な光線は，レンズを通ったあと，焦点
を通る。

❷ レンズの中心を通った光線は，屈折することなく
直進する。

❸ 焦点を通り，レンズを通った光線は，レンズを通
過したあと，光軸に平行に進む。

❹ ❶～❸のうち，2つの光線が交わる点に，レンズ
による像ができる。

> **ここ重要**
>
> ▶ 光軸に平行な光線 ➡ 焦点　　▶ レンズの中心を通る光線 ➡ 直進
>
> ▶ 焦点を通りレンズを通った光線 ➡ 光軸に平行

得点 UP! ● 凸レンズによる像の大きさは、物体が焦点距離の2倍の位置にあるときが基準になる。

③ 凸レンズによる像 ★★★

❶ 凸レンズによってできる像は、レンズの焦点と物体の位置との関係で、図 A〜E のようになる。

❷ A〜C のように実際の光が集まってできる像を**実像**という。また、D のようにレンズを通したときに見える像を**虚像**という。

❸ A〜C のように上下左右逆さまに見える像を**倒立像**、D のような像を**正立像**という。

❹ レンズが大きいほど、多くの光が集まるので**明るい像**ができる。

❺ レンズの一部をおおうと、像は欠けないが、**暗い像**ができる。

(Fは焦点)

A. 物体を焦点距離の2倍の所に置く

実物と同じ大きさの倒立した実像

B. 物体を焦点距離の2倍よりも遠い所に置く

実物よりも小さい倒立した実像

C. 物体を焦点の少し外側に置く

実物よりも大きい倒立した実像

D. 物体を焦点より内側に置く

実物よりも大きい正立の虚像

E. 物体を焦点の上に置く

像はできない

ここ重要

物体ー凸レンズースクリーン(実像)の位置関係
▶ レンズから遠いものは、小さくしかうつらない。
▶ 小さくうつるとき、スクリーンはレンズに近いところにある。

これ 暗記

焦点の **巨ゾウ** は **内** で
　　　　　 虚像　　　　　 焦点の内側

疾走 は **外**
実像　　　 焦点の外側

物体が焦点より内側にあるときは虚像、外側にあるときは実像ができる。

3. 音の性質

① 振動と音 ★★

❶ 音を出しているものを音源または発音体という。

❷ 1秒間に振動する数を振動数といい，単位はHz(ヘルツ)で表す。

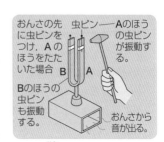

おんさの先に虫ピンをつけ，Aのほうをたたいた場合
虫ピン──Aのほうの虫ピンが振動する。
Bのほうの虫ピンも振動する。
おんさから音が出る。

❸ 音源の振動が周囲の物質(空気や水)を振動させ，それが耳まで伝わり，鼓膜を振動させるので音が聞こえる。

❹ おんさをたたいて音を出すと，空気が振動し，離れた所にある同じ振動数を出すおんさにも振動が伝わり，このおんさからも音が出る。

❺ 空気中の音の速さは，気温15℃で約340 m/sである。

② 音の大きさ ★★★

❶ 弦を強くはじくと，弦が大きく振動して振動が大きくなり，大きい音が出る。

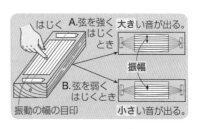

はじく
A.弦を強くはじくとき　大きい音が出る。
振幅
B.弦を弱くはじくとき　小さい音が出る。
振動の幅の目印

❷ 同じ高さで，大きい音と小さい音をオシロスコープの画面に表すと，下のAとBのようになる。

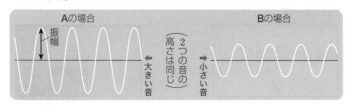

Aの場合
振幅
←大きい音

(2つの音の高さは同じ)

Bの場合
→小さい音

ここ重要

大きい音は振幅(振動する幅)が大きい。

得点 **UP!** ● 振動数(Hz)は，1÷1回あたりの振動の時間(秒)

③ 音の高さ★★★

❶ 振動数が多い(大きい)ほど，音は**高い**。

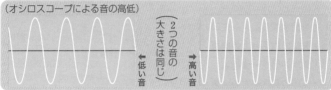

(オシロスコープによる音の高低)

2つの音の大きさは同じ

←低い音　→高い音

❷ 弦の張り方，弦の太さ，弦が振動する部分の長さで，音の高低が決まる。おもりの

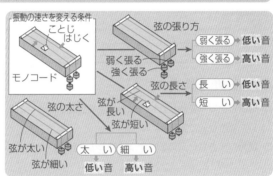

振動の速さを変える条件
ことじ
はじく
モノコード

弦の張り方
弱く張る→低い音
強く張る→高い音

弦の長さ
長 い→低い音
短 い→高い音

弦の太さ
弦が太い
弦が細い
太 い　細 い
低い音　高い音

重さを変えると，弦の張り方を変えることができる。

ここ注意!

高い音は，振動数が大きい。一定時間内の波の数が多い。

これ 暗記

高い音 **細・短・強** で
細く・短く・強く張る
ふえること
振動数が大きくなる
音は，弦を細く・短く・強く張ると，振動数が大きくなって高くなる。

part 1 社会

part 2 理科

part 3 数学

part 4 英語

part 5 国語

3 | 音の性質 | 47

part2

理科

4. いろいろな力

1　力の表し方★★

❶ 力がはたらいている場所(点)を
作用点という。

❷ 力を図示するとき, 矢印で表す。

- 矢印の向き➡力の向き
- 矢印の起点➡作用点
- 矢印の長さ➡力の大きさ

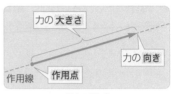

▲力の表し方

ここ重要

力の向き, 作用点, 力の大きさを, 力の三要素という。

2　重力と質量★★

❶ 場所によって変わらない, 物体の量を質量という。上皿てんびんで測定
し, 単位はgで表す。

❷ 重力の大きさは, 場所によって変わる。ばねばかりや台ばかりで測定し,
単位はN(ニュートン)で表す。

❸ 質量100gの物体にはたらく地球の重力の大きさが約1Nである。

3　ばねの伸びと力の大きさ★★★

❶ ばねの伸びと力の大きさは, 比例する。

❷ おもりの重さによって, ばねが伸びた
長さを測定すると, 誤差が含まれる。

❸ グラフを描くときは, 測定した点の並
びぐあいを見て, 測定値のなるべく近
くを通るように1本の直線を引く。折
れ線ではないことに注意する。

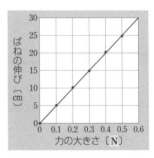

ここ注意!

伸びたばねの長さ－ばねのもとの長さ＝ばねの伸び

得点 UP! ● 物体にはたらく重力（N）は，質量（g）を100で割る。

④ いろいろな力 ★★

❶ 地球が物体を引く力を**重力**といい，作用点は**物体の中心**になる。

❷ 変形した物体がもとにもどろうとする力を**弾性力（弾性の力）**という。

❸ 磁石の間にはたらく力を**磁力**という。

❹ 触れあう面にはたらく，動きを妨げようとする力を**摩擦力**という。

のびた輪ゴムがもとに
もどろうとする弾性力

リンゴにはたらく重力

同じ極どうしが
しりぞけあう磁力

動きを妨げよう
とする摩擦力

⚫ いろいろな力

⑤ 2力のつりあい ★★★

❶ 1つの物体に2つの力がはたらいて動かないとき，2つの力は**つりあっ
ている**という。

❷ つりあいの条件

  ・力の**大きさは同じ**

  ・力の**向きが逆**

  ・**同一直線上**にある。

垂直抗力

重力

これ 暗記

同じ大きさ **逆向き**に
同じ力の大きさ　　向きが逆
　一直線に 引きあおう
　同一直線上

つりあう2力は，力の大きさが等しく，向きが互いに逆，
同一直線上にある。

どすこい

化学

5. 身のまわりの物質の性質

月　　日

① 物質の調べ方 ★★

❶ 密度を調べる。物質の種類によって一定(一定温度，一定圧力の場合)。

$$密度(g/cm^3) = \frac{物質の質量(g)}{物質の体積(cm^3)}$$

❷ 一般に，燃えて二酸化炭素(と水)ができる物質を有機物といい，それ以外の物質を無機物という。有機物は炭素を含んでいる。

❸ 金属には，特有の金属光沢がある，電気を通す，熱を伝える，引っ張るとのびる(延性)，たたくと広がる(展性)などの性質がある。

❹ プラスチックは，石油などを原料としてつくった物質で，加熱すると燃えて二酸化炭素を発生するので，有機物である。

② 実験器具の使い方 ★★★

❶ ガスバーナーの使い方

①元栓が閉まっていることを確認し，調節ねじが動くことを確かめて閉じておく。

②元栓を開きコックつきの場合，コックを開く。マッチをすって火をガスバーナーにかざし，ガス調節ねじをゆるめて(下のねじを反時計まわりに回して)点火する。

③ガス調節ねじで炎の高さを調節する。

④空気調節ねじをゆるめて炎を青い炎に調節する。

⑤使い終わったら，空気調節ねじ→ガス調節ねじ→コック→元栓の順に閉じる。

❷ 上皿てんびんの使い方

①皿を両側に置く。針が左右に同じだけ振ってつりあっていることを確認する。

②きき腕と反対側に操作しないものを，きき腕側に操作するものを置く。(右の図は，右ききの場合を示す。)

(物質の質量をはかる)　針　分銅

調節ねじ

(上皿てんびんで薬品をはかりとる)　薬包紙

❸ 電子てんびんの使い方

①電子てんびんを**水平**にセットし, 電源を入れる。

②薬包紙やビーカーを使ってはかるときは, 薬包紙やビーカーをのせてから, 値を0にする。

③はかりたいものを静かに上皿にのせる。

❹ 体積のはかり方

①メスシリンダーを使う。

②水平な台に乗せ, **液面の真横**から液面のへこんだ下の面を読む。

③水に溶けない固体の体積は, 水に入れたときの体積の差から求める。

④水に溶けない気体は, 水上置換法によりメスシリンダーに集める。

測定の際は, 気体の境界と水そうの水面との高さをそろえる。これは, 大気による圧力(大気圧)や水の圧力(水圧)によって, 気体の体積が変化するためである。

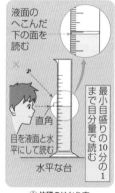

液面のへこんだ下の面を読む

直角

目を液面と水平にして読む

水平な台

最小目盛りの10分の1まで目分量で読む

⬥体積のはかり方

👆 **ここ注意!**

測定は, 最小目盛りの $\frac{1}{10}$ まで目分量で読む。

これ 暗記

はち**みつ**は　品質が
　　密度　　　質量

わりと**大切**
÷　　　体積

密度 (g/cm³) = 物質の質量 (g) / 物質の体積 (cm³)

$$密度\,(g/cm^3) = \frac{物質の質量\,(g)}{物質の体積\,(cm^3)}$$

品質がわりと大切

6. 気体の性質と発生

理科

① 気体の集め方 ★★★

❶ 水に溶けにくい気体 ➡ **水上置換法** 例 酸素，水素

❷ 水に溶けて空気より軽い気体

　➡ **上方置換法** 例 アンモニア

❸ 水に溶けて空気より重い気体

　➡ **下方置換法** 例 二酸化炭素

水上置換法　上方置換法　下方置換法

② さまざまな気体の性質 ★★★

❶ 二酸化炭素（無色，無臭）

・黒鉛や有機物が燃えると発生。

・石灰石や貝殻，卵の殻に，うすい塩酸や酢酸を加

　えると発生。

・炭酸水素ナトリウムを加熱すると発生。

・**石灰水**に通すと白く濁る。

・空気より重い気体。　・水に少し溶け，水溶液は酸性を示す。

二酸化炭素

石灰水

白く濁る

❷ 酸素（無色，無臭）

・うすい過酸化水素水（オキシドール）が二酸化マンガンにふれると発生。

・ものを燃やすはたらきがある。

・空気より少し重い。　・水に溶けにくい。

❸ アンモニア

・塩化アンモニウムと水酸化カルシウムを混ぜて

　加熱すると発生。

・塩化アンモニウムと水酸化ナトリウムを混ぜて，

　少量の水を加えると発生。

・刺激臭がある。　　　・空気より**軽い**気体。

・水溶液は**アルカリ**性を示す。

アンモニア

水を入れたスポイト

フェノールフタレイン液を数滴加えた水

ここ重要

無色のフェノールフタレイン液が赤く変化すると，アルカリ性。

得点UP! ● 水に溶ける気体は，上方置換法か下方置換法で集める。

❹ 水素(無色，無臭)

・鉄やマグネシウムなどの金属をうすい塩酸に入れると発生する。

・燃える気体で，酸素と混合させて火をつけると
爆発して水ができる。

・気体の中で最も軽い。

・水に溶けにくい。

音をたてて燃える
水素と酸素が結びつく反応

❺ 窒素(無色，無臭)

・空気のおよそ $\frac{4}{5}$ を占める。　・燃えない。

・空気よりわずかに軽い。　・水に溶けにくい。

❻ 塩素

・黄緑色の気体。刺激臭がある。

・空気より重い。

・水に溶けやすい。水溶液は酸性を示す。

・漂白作用，殺菌作用があり，有毒である。

❼ 二酸化硫黄

・刺激臭がある。

・空気より重い。

・水に溶けやすく，水溶液は酸性を示す。

・石炭や石油の硫黄が燃えると発生。
大気汚染の原因物質の１つである。

二酸化硫黄の発生
硫黄の燃焼 → 刺激臭
水溶液は酸性 水によく溶ける

これ 暗記

石灰水 **炭酸ガス** で
　　　　二酸化炭素

白くなり
白濁される

二酸化炭素は石灰水を白濁させる。

あー白くなるー

part 1 社会
part 2 理科
part 3 数学
part 4 英語
part 5 国語

part**2**

理科

7. 水溶液

① 溶液 ★★★

❶ 物質が液体に溶けて，透明で，濃さがどこも同じで，沈殿のない混合物を溶液という。

❷ 物質を溶かしている液体を溶媒という。溶媒が水の溶液を水溶液という。

❸ 溶液に溶けている物質を溶質という。

❹ 溶液の質量＝溶質の質量＋溶媒の質量

> **ここ注意！**
> 色があっても，向こうが透けて見えると透明である。

② 溶液の濃度 ★★★

溶液の中にどれくらいの溶質が溶けているかを表すには，濃度(質量パーセント濃度)を使う。

ここ重要

$$質量パーセント濃度〔\%〕 = \frac{溶質の質量〔g〕}{溶液の質量〔g〕} \times 100$$

$$= \frac{溶質の質量〔g〕}{溶質の質量〔g〕 + 溶媒の質量〔g〕} \times 100$$

③ ろ過の方法 ★

❶ 溶液中に固体が混ざっているときは，ろ過によって固体と液体を分離できる。

❷ ろ過によって得られた液体をろ液とよぶ。

❸ しずくが落ちないように，液はガラス棒やビーカーの壁を伝わらせる。

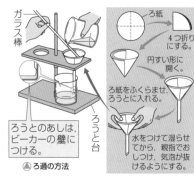

ガラス棒

ろうとのあしは，ビーカーの壁につける。

ろうと台

▲ろ過の方法

ろ紙

4つ折りにする。

円すい形に開く。

ろ紙をふくらませ，ろうとに入れる。

水をつけて湿らせてから，親指でおしつけ，気泡が抜けるようにする。

得点 UP! ● 食塩 (塩化ナトリウム) は, 温度による溶解度の変化が小さい。

④ 溶解度 ★★★

❶ 一定量の水に物質が限度まで溶けた状態を**飽和**という。

❷ 飽和の状態にある水溶液を**飽和水溶液**という。

❸ 100 g の水で飽和水溶液をつくるときに必要な溶質の質量を, **溶解度**という。

❹ 溶解度は, 物質によって決まっており, 温度によって変化する。

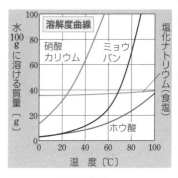

溶解度曲線

水100 g に溶ける質量〔g〕

硝酸カリウム　ミョウバン

塩化ナトリウム(食塩)

ホウ酸

温度〔℃〕

❺ 温度による溶解度の変化をグラフにしたものを**溶解度曲線**という。

⑤ 結晶と再結晶 ★★

❶ 純粋な物質からできていて, 物質特有の規則正しい形をした固体を**結晶**という。水溶液から結晶をとり出す操作を**再結晶**という。

❷ 結晶は物質を区別する手がかりになる。

▲塩化ナトリウム　　▲ミョウバン　　▲硝酸カリウム　　▲硫酸銅

これ 暗記

水100 に　溶ける限度は
100 g の水　　溶ける限度の量
溶解度

100 g の水に溶かすことができる限度の量 (質量) を溶解度という。

月　　日

8. 物質の状態変化

① 物質の状態変化 ★★

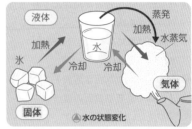

❶ 物質には，固体・液体・気体の3つの状態がある。

❷ 物質は温度によって，

固体 ⇄ 液体 ⇄ 気体

と状態が変化する。

➡**状態変化**

◉水の状態変化

❸ 物質によっては，

固体 → 気体の変化をするものもある。これを**昇華**という。

② 水の状態変化と温度 ★★★

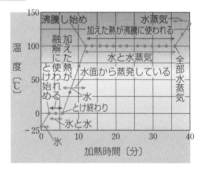

❶ 熱を加えて固体から液体に変わるときの温度を**融点**という。

❷ 熱を加えて液体が沸騰して気体に変わるときの温度を**沸点**という。

❸ 固体の水（氷）を加熱すると温度が上昇し，やがて，融点の0℃でとけ始める。完全にとけて**液体**になるまで温度は0℃のまま変化しない。

❹ 液体の水は，温度に関係なく，つねに水面から水蒸気に変わる。この変化を**蒸発**という。

❺ 液体の水を加熱すると温度が上昇し，沸点の100℃近くで沸騰し始める。完全に**気体**になるまで温度は変化しない。

> **ここ注意！**
> 湯気は液体であり，水が沸騰しているときの泡の中は水蒸気（気体）である。

得点 UP! ● 水は氷（固体）になると体積が大きく，密度が小さくなる。

③ 状態変化と質量・体積・密度 ★★★

❶ 物質が状態変化するとき，質量は**変化しない**。

❷ 物質が状態変化するとき，体積は**変化する**。

（❶，❷より，密度は変化する。）

❸ 一般に，一定の質量の物質が状態変化するとき，

体積は，固体<液体<気体 の順に**大きく**なる。

密度は，固体>液体>気体 の順に**小さく**なる。

❹ 水が状態変化するとき，

体積は，**液体<固体**<気体 の順に大きくなる。

密度は，**液体>固体**>気体 の順に小さくなる。

注 水は 4℃ のときに体積が最も小さく，密度が大きい。

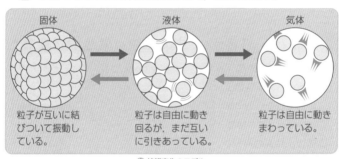

固体	液体	気体
粒子が互いに結びついて振動している。	粒子は自由に動き回るが，まだ互いに引きあっている。	粒子は自由に動きまわっている。

▲ 状態変化のモデル

これ 暗記

物質を 見分ける **決め手**
　　　　　　　　 手がかり

融・沸点

融点・沸点

融点・沸点は物質により一定の値を示し，物質を見分ける手がかりになる。

9. 身のまわりの生物の観察

① ルーペの使い方★★

ルーペを目に近づけて持ち，からだを動かさずに見るものを前後に動かすか，ルーペを固定したまま顔やからだ全体を前後に動かしてピントを合わせるようにする。

見るものを前後に動かす。
からだは動かさない

ルーペは固定したままからだ全体を動かす。

ここ重要

ルーペは目に近づけて使用する。

② プレパラートのつくり方と水中の微生物の観察★

❶ プレパラートの作成

①スライドガラスの上に観察したいものをピンセットでのせる。

②その上にスポイトで水を1滴落とす。

③カバーガラスをかけるときは，柄つき針を使い，空気の泡を入れないように，カ

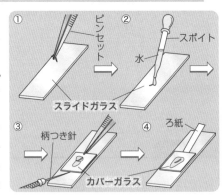
① ピンセット
スライドガラス
② スポイト
水
③ 柄つき針
カバーガラス
④ ろ紙

バーガラスのはしからゆっくりかける。

④カバーガラスからはみ出した水をろ紙で吸いとる。

❷ 水中の微生物の観察…池などの水をビーカーにとり，しばらく静かに置く──底に土や枯れ葉が沈んだら，近くの水をスライドガラスに1滴落とす──カバーガラスをかけ，顕微鏡で観察する。

得点 UP! ● 低倍率から高倍率にすると視野が狭くなり，暗くなる。

③ 顕微鏡(けんびきょう)のつくりと使い方 ★★★

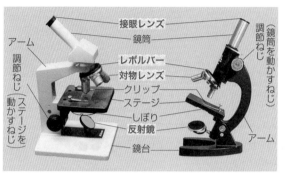

[注意]
顕微鏡で見える像は，上下左右が反対である。像を右に動かしたいときは，プレパラートを左に動かす。(上下左右を逆に動かす。)

（▲）ステージ上下式顕微鏡　　　（▲）鏡筒上下式顕微鏡

①対物レンズを最も**低倍率**のものにし，視野全体が明るく見えるように**反射鏡**としぼりを調節する。

②**プレパラート**をステージにのせて横から調節ねじをゆっくり回し，対物レンズとの間を近づける。

③接眼レンズをのぞきながら②とは逆の向きに**調節ねじ**を回して，対物レンズとプレパラートを少しずつ離していき，ピントを合わせる。

④高倍率にしたいときは**レボルバー**を回して観察する。

ここ重要

倍率＝接眼レンズの倍率×対物レンズの倍率

これ 暗記

見える像 **上下左右が**
顕微鏡で見える像　上下左右

まるで逆
まったく反対

顕微鏡で見える像は，実際のものと上下左右が逆である。

動かしたい向き？
プレパラートを動かす向き？
全く逆に見える‼

part 1 社会
part 2 理科
part 3 数学
part 4 英語
part 5 国語

10. 花のつくり

1 被子植物の花のつくり★★★

▲被子植物（アブラナ）

胚珠が子房に包まれている

被子植物のおしべの先には，花粉のつまった**やく**という袋がある。めしべの花柱の先端を**柱頭**，めしべの根もとのふくらんだ部分を**子房**といい，子房の中には**胚珠**がある。

ここ重要

▶ 被子植物 ⇒ 胚珠が子房に包まれている植物

2 裸子植物の花のつくり★★★

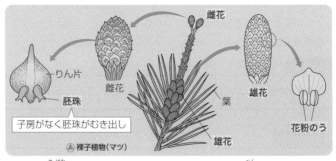

子房がなく胚珠がむき出し

▲裸子植物（マツ）

❶ マツの雌花には子房はなく，胚珠はむき出しでりん片についている。

❷ マツの雄花のりん片には**花粉のう**があり，中に花粉が入っている。

ここ重要

▶ 裸子植物 ⇒ 子房がなく，胚珠がむき出しの植物

得点 **UP!** ● 胚珠が種子に、子房が果実になる。

③ 被子植物の種子のでき方 ★★★

❶ おしべのやくでつくられた花粉がめしべの柱頭につくことを**受粉**という。花粉は虫や風などによって運ばれる。虫によって花粉が運ばれる植物の花を**虫媒花**といい、風によって花粉が運ばれる植物の花を**風媒花**という。

❷ 受粉後、やがて**子房**は**果実**になり、子房の中にある**胚珠**が成長すると**種子**になる。

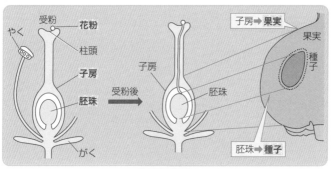

やく
受粉 **花粉**
柱頭
子房
胚珠
がく

受粉後

子房
胚珠

子房➡果実
果実
種子

胚珠➡種子

▲受粉のようす

④ 裸子植物の種子のでき方 ★★★

❶ 雌花のりん片に**胚珠**がむき出しでついているので、胚珠に花粉が直接ついて受粉し、むき出しのまま**種子**ができる。

❷ 雌花に子房がないので、**果実**はできない。

これ 暗記

受粉して **胚珠は種子に**
胚珠→種子

下線 **子房は実となり**
子房→果実

被子植物は受粉後、やがて胚珠→種子、子房→果実
になる。

11. 植物の分類

① シダ植物のからだのつくりとふえ方 ★★

根・茎・葉の区別があり，維管束がある。葉の裏には胞子がたくさん入った胞子のうをもっている。種子植物と同様に光合成を行う。

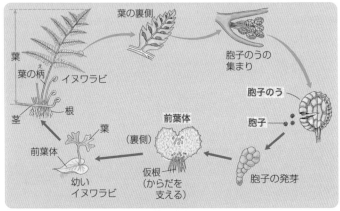

▲ シダ植物

② コケ植物のからだのつくりとふえ方 ★★

根・茎・葉の区別がなく，維管束はない。必要な水分はからだの表面から直接吸収する。種子植物と同様に光合成を行う。

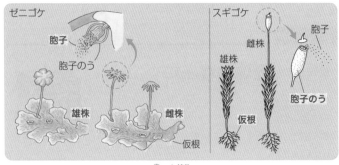

▲ コケ植物

得点 UP! ● 種子植物と種子植物以外の植物の特徴を整理しておこう。

③ 植物の分類★★★

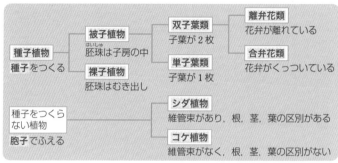

▲ 植物の分類

④ 植物以外の葉緑体をもつ生物★

植物以外にも葉緑体をもち，光合成をしている生物がある。そのなかまを**藻類**といい，❶，❷のなかまに分類できる。

❶ 根・茎・葉の区別がなく，胞子でふえる。

　　例　ワカメ，コンブ，アオサなど

❷ 微小な生物で，分裂によってふえる。

　　例　ミカヅキモ，ハネケイソウなど

▲ 藻　類
根・茎・葉の区別がない。

これ 暗記

種子 らしく 必死に芽を出し
種子植物　裸子植物　　　　被子植物

そうして 誕 生
双子葉類　　単子葉類

```
種子植物 ┬ 裸子植物 ── 単子葉類
         └ 被子植物 ── 双子葉類
```

part 1 社会
part 2 理科
part 3 数学
part 4 英語
part 5 国語

part2
理科
12. 動物の分類

① 動物の分類 ★★

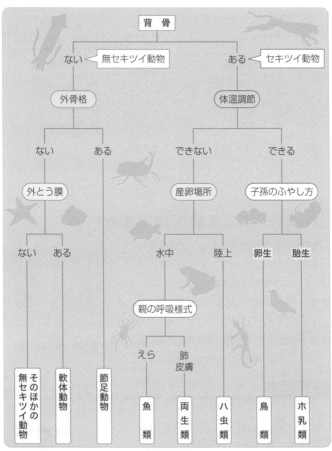

背骨

ない ← 無セキツイ動物 　　　 ある ← セキツイ動物

外骨格　　　　　　　　　　　　体温調節

ない　　　ある　　　　　　できない　　　できる

外とう膜　　　　　　　　　産卵場所　　　子孫のふやし方

ない　ある　　　　　　　水中　　陸上　　　卵生　　胎生

親の呼吸様式

えら　　肺・皮膚

| そのほかの無セキツイ動物 | 軟体動物 | 節足動物 | 魚類 | 両生類 | ハ虫類 | 鳥類 | ホ乳類 |

▲ 動物の分類

ここ重要

背骨がある動物をセキツイ動物，背骨がない動物を無セキツイ動物とよぶ。

part 1 社会
part 2 理科
part 3 数学
part 4 英語
part 5 国語

② セキツイ動物のなかま ★★

分 類	魚 類	両生類	八虫類	鳥 類	ホ乳類
体 温	変 温			恒 温	
体 表	うろこ	皮膚が露出	うろこ, こうら	羽 毛	毛
呼 吸	えら呼吸	子→えら・皮膚呼吸 親→肺・皮膚呼吸	肺 呼 吸		
生活場所	水 中	子→水中 親→陸上	陸 上		
ふえ方 うまれ方	卵 生				胎 生
ふえ方 卵の産み場所	水 中		陸 上		母体内
ふえ方 卵の数	多 い		わりあいに少ない	少 な い	
ふえ方 卵のつくり	殻がない		殻がある		(母体内)で育つ
ふえ方 卵のかえし方	自 然 に か え る			親があたためる	
ふえ方 子の育て方	親が世話をせず, 自然に育つ			親がえさを与える	母乳で育てる
例	フナ イワシ	カエル イモリ	カメ ヤモリ	ワシ スズメ	サル クジラ

▲セキツイ動物の分類

ここ重要

セキツイ動物は, 体温調節 (変温, 恒温), なかまのふやし方
(卵生, 胎生), 呼吸のしかたなどにより分類される。

これ 暗記

コイ ・ カエル ・ **カメ** ・ ハト
魚類　　両生類　　八虫類　　鳥類

サルは 脊椎だ
ホ乳類　　セキツイ動物

セキツイだ!!

セキツイ動物は魚類, 両生類, 八虫類, 鳥類, ホ乳類の5つに分類される。

13. 火山活動とマグマ

① 火山のつくりと火成岩のでき方 ★★

火成岩はマグマが冷えて固まった岩石で、**火山岩**と**深成岩**がある。

❶ 火山岩…**斑状組織**、石基の中に大きな結晶(斑晶)がある。

❷ 深成岩…**等粒状組織**、どの鉱物の結晶も大きく、石基はない。

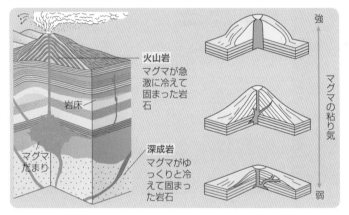

② 火山灰や岩石に含まれる主な鉱物の特徴 ★★

鉱　物	特　徴
セキエイ	割れ口は**ガラスの割れ口**のような感じ。形は**不規則**。 **無色**または**白色**、ガラスよりかたい。
チョウ石	決まった方向に割れる。形は**柱状・短冊状**。 **無色～白色**・うす桃色。セキエイより少しやわらかい。
クロウンモ	**六角板状**で、決まった方向に**うすくはがれる**。**黒色～褐色**。 つめと同じくらいのかたさ。
カクセン石	**細長い柱状**で、断面はひし形に近い六角形。暗褐色または緑黒色。
キ　石	**短い柱状・短冊状**で、断面は正方形に近い形。緑黒色。
カンラン石	小さい**柱状**の形で、不規則に割れる。黄緑色。

👉 ここ注意!

無色鉱物はセキエイとチョウ石であり、他は有色鉱物。

③ 火成岩の種類とその特徴 ★★★

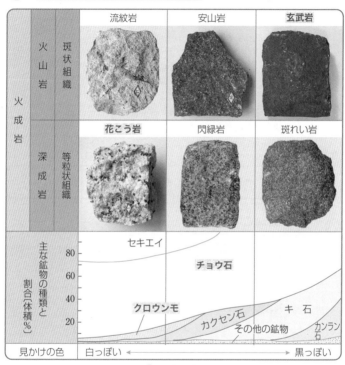

			流紋岩	安山岩	玄武岩
火成岩	火山岩	斑状組織			
	深成岩	等粒状組織	花こう岩	閃緑岩	斑れい岩

主な鉱物の種類と割合〔体積％〕

セキエイ
チョウ石
クロウンモ
カクセン石
キ石
その他の鉱物
カンラン石

80
60
40
20

見かけの色	白っぽい ← → 黒っぽい

▲火成岩の種類

これ 暗記

火山岩 **流・安・玄**に
流紋岩・安山岩・玄武岩の順

黒くなり

火山岩の種類は，流紋岩，安山岩，玄武岩で斑状組織である。

14. 地震とそのゆれ

① 震源と震央 ★

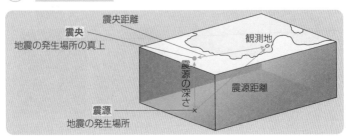

震央距離

震央
地震の発生場所の真上

観測地

震源の
深さ

震源距離

震源
地震の発生場所

ここ重要

地震のゆれは、地表では震央を中心に同心円状に伝わる。

② 地震のゆれ ★★

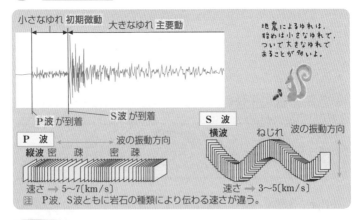

小さなゆれ 初期微動　大きなゆれ 主要動

地震によるゆれは、始めは小さなゆれで、ついで大きなゆれであることが多いよ。

P波 が到着　　S波 が到着

P 波　　　　　　　→ 波の振動方向
縦波　密　疎　　密　疎

速さ → 5～7[km/s]

S 波
横波　　　　ねじれ　　波の振動方向

速さ → 3～5[km/s]

注 P波、S波ともに岩石の種類により伝わる速さが違う。

ここ重要

▶ 初めに伝わる小さなゆれが初期微動 ← P波によるゆれ

▶ あとから伝わる大きなゆれが主要動 ← S波によるゆれ

③ 初期微動継続時間と震源からの距離 ★★★

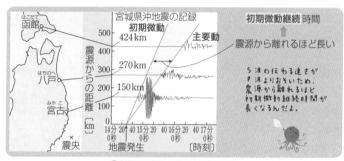

宮城県沖地震の記録

初期微動　424km

主要動

初期微動継続時間

震源から離れるほど長い

S波の伝わる速さがP波よりおそいため，震源から離れるほど初期微動継続時間が長くなるんだよ。

▲ 初期微動継続時間と震源からの距離

❶ 震源からの距離…速さ[km/s]×P波が届くまでの時間[秒]

❷ 初期微動継続時間…P波が到着してからS波が到着するまでの時間で，震源から離れるほど長くなり，そのふえ方はほぼ一定。

④ 地震の大きさと地震による災害 ★

❶ 震　度…震度計に基づくゆれの大きさで，0〜7までの10階級(5，6は強，弱の2階級)に分けて表す。

❷ マグニチュード…地震の規模の大きさ(記号はM)。マグニチュードの数値が1大きくなると，地震の波のエネルギーは約32倍になる。

❸ 地震による災害…津波や地すべり，液状化などが起こることがある。

これ 暗記

はやいP と おそいS とで
先にくるはやいP波　　あとにくるおそいS波

ゆれ動き
地震波

地震波は，先にくるのがP波，あとにくるのがS波。

15. 地層のつくり

① 地層のでき方 ★★

流水のはたらきによって，れき・砂・泥などが運ばれ，堆積し，それがくり返されて地層ができる。

地層は，厚さと広がりをもっていて，水平に堆積する。

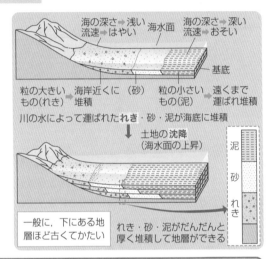

海の深さ➡浅い　流速➡はやい　海水面　海の深さ➡深い　流速➡おそい　基底

粒の大きいもの（れき）　海岸近くに（砂）堆積　粒の小さいもの（泥）　遠くまで運ばれ堆積

川の水によって運ばれたれき・砂・泥が海底に堆積

↓ 土地の沈降（海水面の上昇）

一般に，下にある地層ほど古くてかたい

れき・砂・泥がだんだんと厚く堆積して地層ができる

泥　砂　れき

ここ重要

> 地層は，風化，侵食，運搬，堆積がくり返されてつくられる。

② 地層の広がり ★★

地層は厚さと広がりをもって堆積しており，ふつう，古いものから新しいものへと積み重なっている。火山灰や特徴的な化石を含む層は，地層の広がりを知る目印となる。このような層を**かぎ層**という。

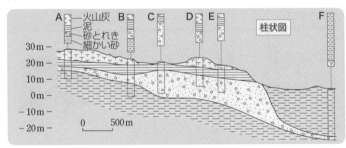

A　火山灰　B　泥　砂とれき　細かい砂　C　D　E　柱状図　F

30m　20m　10m　0m　-10m　-20m

0　500m

③ 堆積岩の種類と特徴 ★★★

泥(粒の直径0.06 mm以下)が固まってできている。

△泥岩

生物の骨格や殻が主成分。うすい塩酸をかけると二酸化炭素の泡が出る。

△石灰岩

砂(粒の直径2〜0.06mm)が固まってできている。

△砂岩

生物の骨格や殻が主成分。うすい塩酸をかけても泡は出ない。かたい。

△チャート

れき(粒の直径2 mm以上)が固まってできている。

△れき岩

火山灰や火山れきなどが固まってできている。

△凝灰岩

石灰岩は主に炭酸カルシウムという物質からできていて、チャートは主に二酸化ケイ素という物質からできている。

これ 暗記

積み重ね れき・砂・泥と
堆積岩   れき岩 砂岩 泥岩

粒小さく

堆積岩は粒の大きさによって、れき岩、砂岩、泥岩に分けられる。

君たちは粒が小さいね

part 1 社会 / part 2 理科 / part 3 数学 / part 4 英語 / part 5 国語

理科

16. 大地の変動

① 断層のでき方とその種類 ★★

❶ 断　層…大地の変動にともなう大きな力によって，地層が切れてずれる
ことによってできたくいちがいを**断層**という。

断層は，横から押す力や横に引っぱる力が大地にはたらいてできる。

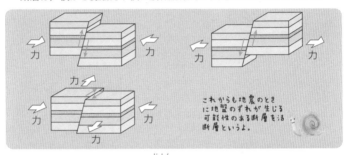

これからも地震のとき
に地層のずれが生じる
可能性のある断層を活
断層というよ。

❷ 活断層…これからもずれて，地震を起こす可能性のある断層。

② しゅう曲のでき方 ★★

横からの大きな力で地層が曲がったものを**しゅう曲**という。

③ 不整合 ★

地層の堆積が不連続になっている重なり方を**不整合**という。

ここ重要

▶ 断　層…地層が切れてずれることによってできたくいちがい。

▶ しゅう曲…地層に力がはたらいて，押し曲げられたもの。

得点 **UP!** ● 地層のようすからその地層のでき方を読みとろう。

④ 大地を変動させる力 ★★

❶ プレート…地球の表面は**プレート**とよばれる十数枚の岩盤（がんばん）でおおわれ，これらは互い（たが）に少しずつ動いている。海溝（かいこう）はプレートどうしの境界で，**海洋プレート**（海のプレート）が**大陸プレート**（陸のプレート）の下に沈（しず）みこんでいる。

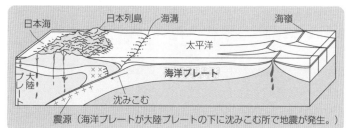

日本海　日本列島　海溝　海嶺

太平洋

海洋プレート

大陸プレート

沈みこむ

震源（海洋プレートが大陸プレートの下に沈みこむ所で地震が発生。）

⊛ プレートの動きと火山

❷ プレートの境界で起こる地震（じしん）

海溝

大陸プレート

海洋プレート

海洋プレート が大陸プレートの下に沈みこむ。

海洋プレートに **引きずら れて**，**大陸プレート** の先端部が圧縮されてひずむ。

ひずみ が限界に達すると，陸のプレートがはね上がり，**地震** が起こる。

⊛ 地震の起こるしくみ

これ 暗記

お
押し引かれ　切れてずれて
押す力や引っぱる力　地層が切れてずれる
　　　　できる断層

断層は，横からの押す力や引っぱる力で，切れてずれた
地層のくいちがい。

part 1 社会
part 2 理科
part 3 数学
part 4 英語
part 5 国語

17. 地層と化石

① 化石と化石のでき方 ★

生物の死がいや巣穴、足あとなどが地層に残されたものを**化石**という。

化石を含む地層を観察することによって、地層が堆積した当時の環境や、堆積した地質年代のことがわかる。

① 大昔の海に生物が生活している。

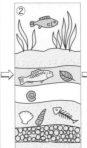

② 生物の死がいなどが地層の中に埋まる。埋まるとやわらかい部分がくさって、骨などが残る。

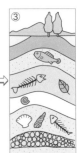

③ 地層は土砂の重さなどでかたい岩になり、化石となる。陸上に出る。

② 示相化石 ★★★

地層が堆積した当時の環境を示す化石を**示相化石**という。

▲二枚貝

▲木の葉

▲魚

❶ 堆積した場所を示す示相化石

● タニシ…湖や河川など淡水　　● ホタテ…浅い海

● サンゴ…あたたかくて浅い海　● ブナ…陸地

❷ 堆積したときの気候を示す示相化石

● サンゴ、シュロ、ソテツ…あたたかい気候

● カエデ、カラマツ、マンモス…寒い気候

ここ重要

化石は、地層が堆積したときの環境や年代がわかる。

得点 **UP!** ● 堆積した環境や年代がわかる化石を整理しておこう。

③ 示準化石と地質時代 ★★★

❶ 示準化石…化石を含む地層が堆積した年代を知る手がかりとなる化石を**示準化石**という。短い期間に，広範囲で栄えた生物の化石が示準化石である。

Ⓐ サンヨウチュウ（古生代）

Ⓐ アンモナイト（中生代）

Ⓐ サメの歯（新生代）

❷ 地質年代…地層ができた時代区分を**地質年代**といい，生物の進化をもとに区分される。古生代より前の年代の代表的な化石としてバクテリアなどの原生生物や藻類がある。

地質年代		化石
古生代（約5.42億〜2.51億年前）		サンヨウチュウ・フズリナ・リンボク
中生代（約2.51億〜6600万年前）		アンモナイト・モノチス・ティラノサウルス
新生代	古第三紀（約6600〜2300万年前）	ヌンムライト（貨幣石）
	新第三紀（約2300〜260万年前）	デスモスチルス・ビカリア
	第四紀（約260万年前〜現在）	ナウマンゾウ・マンモス

これ 暗記

砂漠では **年** **中** **乾** 燥
地層の　示準　堆積時　示相
年代　化石　の環境　化石

化石を求め
化石の種類

示準化石は地層の地質年代，示相化石は堆積時の環境を示す。

1. 正の数・負の数の計算（1）

1 正の数・負の数の加法 ★★

同符号 → 絶対値の和に，共通の符号をつける。

異符号 → 絶対値の差に，絶対値の大きいほうの符号をつける。

例 ①$(-3)+(-8)=-(3+8)=-11$
　　②$(-3)+(+5)=+(5-3)=+2$

2 正の数・負の数の減法 ★

ある数をひく → その数の符号を変えて加法になおす

例 $(+3)-(-5)=(+3)+(+5)=+8$
　　└加法になおす┘

3 加減の混じった計算 ★★★

減法をすべて加法になおす → 加法の記号＋をはぶいてかっこをはずす

例 $(-1)+(+2)-(+3)=(-1)+(+2)+(-3)=-1+2-3=1-3$
　　$=-2$

4 正の数・負の数の乗除 ★★

同符号 → 絶対値の積(商)に，正の符号をつける。

異符号 → 絶対値の積(商)に，負の符号をつける。

例 ①$(-5)\times(-4)=+(5\times4)=20$ ← 答えが正の数なら符号＋ははぶいてよい
　　②$(-12)\div(+3)=-(12\div3)=-4$

2. 正の数・負の数の計算 (2)

part 1 社会
part 2 理科
part 3 数学
part 4 英語
part 5 国語

1 累乗 ★★

同じ数を何個かかけ合わせたものを，その数の**累乗**という。

指数
$5^3 = 5 \times 5 \times 5 = 125$

5^3は，
「5の3乗」と読む

例 ①$(-3)^2 = (-3) \times (-3) = 9$ ②$-3^2 = -(3 \times 3) = -9$

2 乗除の混じった計算 ★★★

ある数でわる → その数の逆数をかける

負の数が
奇数個 → 答えの符号は−
偶数個 → 答えの符号は＋

例 $\dfrac{5}{6} \div \left(-\dfrac{5}{3}\right) \times \left(-\dfrac{9}{10}\right) = \dfrac{5}{6} \times \left(-\dfrac{3}{5}\right) \times \left(-\dfrac{9}{10}\right) = +\dfrac{5 \times 3 \times 9}{6 \times 5 \times 10} = \dfrac{9}{20}$

└─逆数をかける─┘　　　　　└符号を決める

3 四則の混じった計算 ★★★

累乗・かっこの中 → 乗除 → 加減

例 $4 \times (2^3 + 3) - 10 = 4 \times (8 + 3) - 10 = 4 \times 11 - 10 = 44 - 10 = 34$

└累乗　　　　└かっこの中 └乗除　　└加減

4 分配法則 ★★★

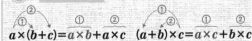

$a \times (b+c) = a \times b + a \times c \quad (a+b) \times c = a \times c + b \times c$

例 $\left(\dfrac{1}{6} + \dfrac{3}{7}\right) \times (-42) = \dfrac{1}{6} \times (-42) + \dfrac{3}{7} \times (-42) = -7 - 18 = -25$

3. 文字と式

数学

1 積と商の表し方 ★★★

積の表し方
- かけ算の記号×は、はぶく。
- 数は文字の前に、文字はアルファベット順に書く。
- 同じ文字の積は、累乗の指数で表す。

商の表し方　わり算の記号÷を使わず、分数の形で書く。

例 ① $a \times (-2) \times b \times a = -2a^2 b$　② $(k - \ell) \div m = \dfrac{k - \ell}{m}$

2 数量の表し方 ★★

整数
- 偶数 → $2m$ (m は整数)、奇数 → $2n + 1$ (n は整数)
- 十の位の数が a、一の位の数が b である2けたの自然数
  → $10a + b$

単位
- x 時間 = $60x$ 分
- x km = $1000x$ m

割合　r % → $\dfrac{r}{100}$、r 割 → $\dfrac{r}{10}$

3 代入と式の値 ★★

式の中の文字を数におきかえることを代入するという。
代入して計算した結果を式の値という。

例 $x = -3$ のとき、$2x + 1$ の値は、$2x + 1 = 2 \times (-3) + 1 = -5$
└──代入──┘

4 等式と不等式 ★★

- 等式

$\underline{2x - 1} = \underline{3}$
左辺　右辺
等号

- 不等式

$\underline{2x - 1} \geqq \underline{3}$
左辺　右辺
不等号

左辺と右辺をあわせて
両辺という。

4. 1次式の計算

① 1次式の加減 ★

文字の部分が同じ**項**はまとめられる。

項　項
$$-3a+1$$
└ 係数

+( ) ⟶ そのままかっこをはずす。

$3x+(2-x)=3x+2-x=(3-1)x+2=2x+2$

−( ) ⟶ 各項の符号を変えてかっこをはずす。

$(2y-6)-(9y+3)=2y-6-9y-3=-7y-9$

> **ここ注意！**
> 符号の変え忘れに気をつけよう。　$-(9y+3) \rightarrow -9y+3$　✕

② 1次式と数の乗除 ★★

1次式×数 ⟶ 分配法則で，かっこをはずす。

$(2a-1)\times 7=2a\times 7+(-1)\times 7=14a-7$

1次式÷数 ⟶ 乗法になおして計算する。

$(16x-8)\div 8=(16x-8)\times \dfrac{1}{8}=2x-1$

例 ㋐
$$\frac{4a-5}{5}-\frac{2a-1}{3}$$

$$=\frac{1}{5}(4a-5)-\frac{1}{3}(2a-1)$$ ← 乗法になおす

$$=\frac{4a}{5}-1-\frac{2a}{3}+\frac{1}{3}$$

$$=\frac{12}{15}a-\frac{10}{15}a-\frac{3}{3}+\frac{1}{3}$$

$$=\frac{2}{15}a-\frac{2}{3}$$

㋑
$$\frac{4a-5}{5}-\frac{2a-1}{3}$$

$$=\frac{3(4a-5)-5(2a-1)}{15}$$ ← 通分

$$=\frac{12a-15-10a+5}{15}$$

$$=\frac{2a-10}{15}$$

2通りのやり方

5. 方程式の解き方

① 等式の性質★★★

$A=B$ ならば,

❶$A+C=B+C$　　　　　❷$A-C=B-C$

❸$A×C=B×C$　　　　　❹$A÷C=B÷C$　$(C≠0)$

例　①$x-5=7$

$x-5+5=7+5$　┐両辺に5をたす

$x=12$

②$-2x=6$

$-2x÷(-2)=6÷(-2)$　┐両辺を-2でわる

$x=-3$

② 方程式の解き方★★

等式では, 一方の辺の項を, 符号を変えて他方の辺に移すことができる。このことを移項するという。

$15-x=2x+3$

$-x-2x=3-15$ ← xをふくむ項を左辺に, 数の項を右辺に移項する

$-3x=-12$ ← 両辺を計算し, $ax=b$ の形にする

$x=4$ ← 両辺をxの係数でわる

③ 複雑な方程式の解き方★★

● かっこをふくむ　　　→　分配法則を利用してかっこをはずす。

● 係数に小数をふくむ　→　両辺に 10, 100, …をかける。

● 係数に分数をふくむ　→　両辺に分母の最小公倍数をかける。

　　　　　　　　　　　　　　（分母をはらう）

例　$\dfrac{3x+4}{2}-\dfrac{x-1}{3}=7$　┐両辺に6をかける

$3(3x+4)-2(x-1)=42$ ← 分配法則

$9x+12-2x+2=42$

$7x=28$

$x=4$

> 左辺だけでなく右辺にも忘れずに6をかける

6. 方程式の利用

1 方程式を使った問題の解き方 ★★★

問 ビー玉を兄は 38 個, 弟は 13 個持っていた。兄が弟に何個か与えたので, 兄の個数が弟の 2 倍になった。与えた個数を求めなさい。

解 兄が弟に x 個与えたとすると,　　← 何を x で表すか決める

$$\boxed{\begin{array}{c}\text{兄の個数}\\(38-x)\text{ 個}\end{array}} = \boxed{\begin{array}{c}\text{弟の個数}\\(13+x)\text{ 個}\end{array}} \times 2$$

$38-x=2(13+x)$　　　　← 方程式をつくる

これを解いて, $x=4$　　　← 方程式を解く

兄が弟に 4 個与えたとすると,　　← 解が問題に合うか調べる

兄の個数は 34 個, 弟の個数は 17 個

となり, 問題に合っている。　　　　　(答え) 4 個

2 比と比例式 ★

● $a:b$ で表された比で, $\dfrac{a}{b}$ を $a:b$ の比の値という。

● $a:b=c:d$ のような等式を, 比例式という。

$$\underbrace{a:\overbrace{b=c}^{\text{内項}}:d}_{\text{外項}} \text{ ならば } ad=bc$$

例 ① $x:10=3:5$ ┐(外項の積)
$\quad x \times 5=10 \times 3$ ┘=(内項の積)
$\quad 5x=30$
$\quad x=6$

② $(x+3):5=(x-2):2$
$\quad 2(x+3)=5(x-2)$
$\quad 2x+6=5x-10$
$\quad -3x=-16$
$\quad x=\dfrac{16}{3}$

月　日

7. 比 例

① 関 数 ★

ともなって変わる2つの数量 x, y があって, x の値を決めると y の値がただ1つ決まるとき, **y は x の関数である**という。

● **変数**…いろいろな値をとる文字
● **定数**…決まった数
● **変域**…変数のとりうる値の範囲

$$y = 5x$$

定数 ／ 変数

例 次のア, イのうち, y が x の関数になっているのは, **イ**

　ア　x 才の人の身長を y cm とする。
　イ　1辺 x cm の正方形の面積を y cm² とする。

どんな式かな

ここ注意！

変数 x の変域が0以上5未満 → $0 \leqq x < 5$

ふくむ　　ふくまない
0　　　　　5

② 比 例 ★★★

y が x の関数で,

比例定数

$$y = ax \ (a は 0 でない定数)$$

と表されるとき, **y は x に比例する**という。
y が x に比例し, $y = ax$ と表されるとき, $x \neq 0$ ならば,

$$\frac{y}{x} = a \ (一定)$$

例 y が x に比例し, $x = -2$ のとき $y = -8$ となっている。

　このとき, 比例定数は, $a = \dfrac{-8}{-2} = 4$

　よって, y を x で表すと, **$y = 4x$** となる。

　この関数で, $y = 20$ のときの x の値は, $x = \dfrac{20}{4} = 5$

8. 比例のグラフ

① 座標平面 ★★

座標軸 { y軸 / x軸 }

原点 ← x軸とy軸の交点

座標 → P(4, 3)

y座標

x座標

例 上の図で，Q(4, −3)，R(−4, −3)となっている。

点Qは，点Pと x 軸について対称であり，点Rと y 軸について対称である。また，点Pと点Rは原点について対称である。

② 比例のグラフ ★★★

$a>0$ のとき，
右上がりの直線

増加
増加

$y=ax$ のグラフ
原点を通る直線
└ O(0, 0)

$a<0$ のとき，
右下がりの直線

増加
減少

例 右のグラフは，原点を通る直線なので，

$y=ax$ で表される。

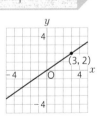

点 (3, 2) を通るから，$a=\dfrac{2}{3}$

よって，式は $y=\dfrac{2}{3}x$ となる。

$x=−3$ のとき $y=\dfrac{2}{3}×(−3)=−2$ となり，

$x=6$ のとき $y=\dfrac{2}{3}×6=4$ となるので，

x の変域が $−3<x≦6$ のとき，y の変域は $−2<y≦4$

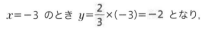

9. 反比例とそのグラフ

1 反比例（はんびれい）★★★

y が x の関数で，

$$y=\frac{a}{x} \quad (a は0でない定数)$$

比例定数

と表されるとき，**y は x に反比例する**という。

y が x に反比例し，$y=\frac{a}{x}$ と表されるとき，**$xy=a$（一定）**

例 右の表で，y は x に反比例している。

x	…	-2	-1	0	1	…
y	…	-3	-6	×	b	…

比例定数は，
$a=(-1)\times(-6)=6$ なので，

y を x の式で表すと，$y=\frac{6}{x}$ となり，$b=\frac{6}{1}=6$

2 反比例のグラフ★★

$a>0$ のとき，

$y=\frac{a}{x}$ のグラフ
原点について対称な双曲線（そうきょくせん）
2つのなめらかな曲線

$a<0$ のとき，

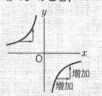

例 右のグラフで，点 A の座標と a の値を求めなさい。

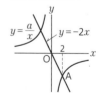

→ A は $y=-2x$ 上の点なので，
y 座標は，$-2\times2=-4$
よって A$(2, -4)$

また，A は $y=\frac{a}{x}$ 上の点でもあるので，
$a=2\times(-4)=-8$

10. 直線と図形の移動

1 直線と角 ★

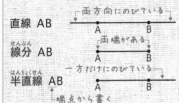

直線 AB　両方向にのびている

線分 AB　両端がある

半直線 AB　一方だけにのびている
端点から書く

角の記号 ∠AOB

頂点 O　辺　辺　A　B

[ここ重要]
線分 AB の長さを, 2点 A, B 間の距離という

2 垂直と平行 ★★

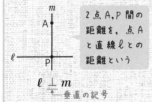

2点 A, P 間の距離を, 点A と直線ℓとの距離という

ℓ ⊥ m
垂直の記号

平行を表す

点Pと直線mとの距離を, 平行な2直線ℓ, mの距離という

ℓ ∥ m
平行の記号

3 図形の移動 ★★

●平行移動
一定の方向に一定の距離だけずらす移動

●回転移動
ある点を中心として一定の角度だけまわす移動

●対称移動
ある直線を折り目として折り返す移動

回転の中心

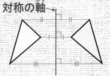
対称の軸

| 9-10 | 85

11. 基本の作図

1 垂直二等分線 ★★★

線分 AB の垂直二等分線の作図

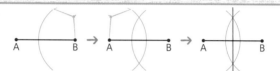

ℓ が線分 AB の垂直二等分線であるとき,

● P が ℓ 上の点ならば PA＝PB
● A，B からの距離が等しい点は ℓ 上にある

2 角の二等分線 ★★★

∠XOY の二等分線の作図

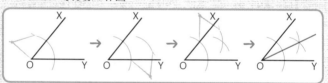

ℓ が ∠XOY の二等分線であるとき,

● ℓ 上の点から OX，OY までの距離は等しい
● OX，OY までの距離が等しい点は ℓ 上にある

3 垂 線 ★★

P を通る ℓ の垂線の作図

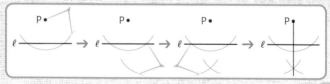

12. 円とおうぎ形

1 弧と弦, 円の接線 ★★

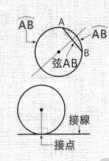

- 円周の一部を弧といい, 円周上の2点を結ぶ線分を弦という。
- 円の弦の垂直二等分線は円の中心を通る。
- 円と直線が接しているとき, 直線 └→1点を共有している を接線, 共有する点を接点という。
- 円の接線は接点を通る半径に垂直である。

2 おうぎ形の弧の長さと面積 ★★★

半径 r, 中心角 $x°$ のおうぎ形の, 弧の長さを ℓ, 面積を S とすると,

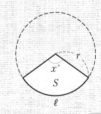

$$\ell = 2\pi r \times \frac{x}{360}$$

$$S = \pi r^2 \times \frac{x}{360} \ \ \text{または} \ \ S = \frac{1}{2}\ell r$$

例 右の図で, $\widehat{AB} = 2\pi \times 3 \times \dfrac{45}{360} = \dfrac{3}{4}\pi$ (cm)

おうぎ形 OAB の面積は,

$\pi \times 3^2 \times \dfrac{45}{360} = \dfrac{9}{8}\pi$ (cm²)

色のついた部分の面積は, $\pi \times (3+1)^2 \times \dfrac{45}{360} - \dfrac{9}{8}\pi = \dfrac{7}{8}\pi$ (cm²)

(別解) おうぎ形 OAB の面積は, $S = \dfrac{1}{2}\ell r$ より,

$\dfrac{1}{2} \times \dfrac{3}{4}\pi \times 3 = \dfrac{9}{8}\pi$ (cm²)

part 3

数学

13. 空間図形

1 ねじれの位置 ★★

空間内で，平行でなく交わらない2つの直線
はねじれの位置にあるという。

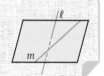

例 右の直方体で，
　　辺 AB と平行な辺は，
　　辺 DC，辺 EF，辺 HG
　　辺 AB と垂直に交わる辺は，
　　辺 AD，辺 AE，辺 BC，辺 BF
　　辺 AB とねじれの位置にある辺は，
　　辺 EH，辺 FG，辺 DH，辺 CG

> 辺 AB と平行で
> なく，交わらない

2 正多面体 ★★

どの面も合同な**正多角形**で，
どの頂点にも面が**同じ数**だ
け集まっている，へこみの
ない立体。

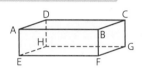

正四面体　　正六面体
　　　　　　（立方体）　　正八面体

3 回転体と投影図 ★★★

● 回転体

回転の軸

母線

直角三角形　　円錐

● 投影図

正面から見た図

（立面図）

（平面図）

真上から見た図

円柱

14. 立体の表面積

1 角柱・円柱の表面積 ★★

> **側面積＝高さ×底面の周の長さ**
> **表面積＝側面積＋底面積×2**

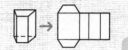

例 右の円柱の側面積は，

$$5×\underset{\text{高さ}}{2\pi}×\underset{\text{底面の周の長さ}}{2}=20\pi \ (\text{cm}^2)$$

表面積は，

$$\underset{\text{側面積}}{20\pi}+\underset{\text{底面積}}{\pi×2^2×2}=28\pi \ (\text{cm}^2)$$

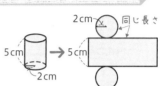

2 角錐の表面積 ★

問 右の正四角錐で，
①側面積 ②表面積 を求めなさい。

解 ①側面は全て合同な三角形なので，$\left(\dfrac{1}{2}×4×7\right)×4=56 \ (\text{cm}^2)$

②底面が一辺4cmの正方形なので，$56+4×4=72 \ (\text{cm}^2)$

3 円錐の表面積 ★★★

問 右の円錐で，①側面のおうぎ形の中心角
②側面積 ③表面積 を求めなさい。

解 ①中心角は，$360°×\dfrac{2\pi×3}{2\pi×8}=135°$

②側面積は，$\pi×8^2×\dfrac{3}{8}=24\pi \ (\text{cm}^2)$

③表面積は，$24\pi+\pi×3^2=33\pi \ (\text{cm}^2)$

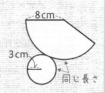

15. 立体の体積, 球

① 立体の体積 ★★★

角柱・円柱の体積＝底面積×高さ

角錐(かくすい)・円錐の体積＝$\frac{1}{3}$×底面積×高さ

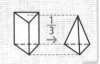

例 右の立体は円柱と円錐を合わせたものである。

円柱の部分の体積は, $\underbrace{\pi \times 4^2}_{底面積} \times \underbrace{3}_{高さ} = 48\pi$ (cm³)

円錐の部分の体積は,

$\frac{1}{3} \times \underbrace{\pi \times 4^2}_{底面積} \times \underbrace{6}_{高さ} = 32\pi$ (cm³)

よって, この立体の体積は, $48\pi + 32\pi = 80\pi$ (cm³)

ここ注意！

角錐・円錐の体積の公式の「$\frac{1}{3}$」を忘れないようにしよう

② 球の表面積と体積 ★★

半径 r の球の, 表面積を S, 体積を V とすると,

$$S = 4\pi r^2, \quad V = \frac{4}{3}\pi r^3$$

例 右のような半球がある。

下の平面の部分の面積は, $\pi \times 3^2 = 9\pi$ (cm²)

曲面の部分の面積は, $4\pi \times 3^2 \times \frac{1}{2} = 18\pi$ (cm²)

よって, この半球の表面積は, $9\pi + 18\pi = 27\pi$ (cm²)

体積は, $\frac{4}{3}\pi \times 3^3 \times \frac{1}{2} = 18\pi$ (cm³)

16. データの活用

① 度数分布表とヒストグラム★★★

●**階級**…資料を整理するための区間

●**階級の幅**…区間の幅

●**階級値**…階級の真ん中の値

●**度数**…階級に入っている資料の個数

●**累積度数**…最初の階級からその階級

　までの度数の合計

●**相対度数** = $\dfrac{\text{その階級の度数}}{\text{総度数}}$

●**累積相対度数**…最初の階級からその階級までの相対度数の合計

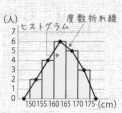

例 右にある身長の度数分布表で,

　階級の幅は **5 cm**

　155 cm 以上 160 cm 未満の階級の

　階級値は **157.5 cm**

　度数は **4 人**

　累積度数は, 2 + 4 = 6 (人)

　相対度数は, $\dfrac{4}{20} = 0.2$

　累積相対度数は, $\dfrac{2}{20} + 0.2 = 0.3$

階　級　(cm)	度数(人)
以上　　未満	
150 ～ 155	2
155 ～ 160	4
160 ～ 165	6
165 ～ 170	5
170 ～ 175	3
計	20

② 範囲と代表値★★★

●**範囲 (レンジ)**…資料の最大値と最小値の差

●**代表値**…資料全体の特徴を表す値

　→**平均値** = $\dfrac{\text{資料の値の合計}}{\text{資料の総数}}$

　→**中央値 (メジアン)**…大きさの順に並べたとき, 中央にくる値

　→**最頻値 (モード)**…最も多く現れる値

1. be 動詞の文 (am, is, are を使った文)

① This(That)is ～. の文, 疑問文, 否定文 ★★★

Is this your pen ?
(これはあなたのペンですか。)

That isn't my house.
(あれは私の家ではありません。)

肯定文 ⇨ This **is** her book.

疑問文 ⇨ **Is** this her book ?
↑
クエスチョンマーク

> 疑問文は主語と be 動詞を入れかえる。

答え方 { Yes, it **is**.
No, it **isn't**.
=is not

否定文 ⇨ This **isn't** her book.

ココ確認① 次の英文を(　)内の指示どおりにかえなさい。

❶ That is your dog.　(疑問文に)
(　　　) (　　　) your dog ?

❷ This is a new song.　(否定文に)
This (　　　) a new song.

> 疑問文は is
> 否定文は not
> の位置に注意だよ。

② He(She) is ～. の文, 疑問文, 否定文 ★★★

She is my sister.
(彼女は私の姉[妹]です。)

Is he a teacher ?
(彼は先生ですか。)

肯定文 ⇨ She **is** a teacher.
3人称単数=私, あなた以外の人[物]で, 単数のもの

疑問文 ⇨ **Is** she a student ? ―Yes, she **is**. / No, she **isn't**.

否定文 ⇨ She **is not**(**isn't**) a doctor.

ココ確認② 次のようなとき, 英語でどう言えばよいか。4 語で答えなさい。

❶ 彼が歌手かどうかたずねるとき。

❷ 彼女は看護師ではないと言いたいとき。

解答　❶ ❶ Is, that　❷ isn't
　　　❷ ❶ Is he a singer ?　❷ She isn't a nurse.

得点UP! ● be 動詞（～です）は主語によって am, is, are を使い分ける。

part 1 社会

3 I am ～. Are you ～? の文★★★

I am a tennis player.
（私はテニスの選手です。）

Are you a student?
（あなたは学生ですか。）

I am ～. You are ～. の否定文
I am not a student.
→ 短縮形は I'm

You **are** not a pianist.
→ 短縮形は aren't

You are ～. の疑問文
Are you a teacher?
Yes, I **am**. / No, **I'm** not.

比べよう

それとも
Are you a nurse **or** a doctor?
I'm a nurse.
Yes, No を使わない。

ここ確認③ 次の（　）に適する語を入れなさい。

❶ Are you Ken's friend? ー（　　　）,（　　　）am.
❷ Are you happy or sad? ー（　　　）happy.

4 We are ～. They are ～. の文★★★

We are friends.
（私たちは友達です。）

Are they brothers?
（彼らは兄弟ですか。）

We are students. **They are** students, too.
　　　　　　　　　　　　　　　　　～も

I+you など　　　he+she など

Mary and Jane **are** sisters.

固有名詞+固有名詞

this → these「これら」
that → those「あれら」

主語が複数または you のとき
be 動詞は are を用いる。

ここ確認④ 次の疑問文に対する（　）内の応答を3語で答えなさい。

❶ Are Mike and Ken friends? （はい）

❷ Are you and Emi students? （いいえ）

解答
③ ❶ Yes, I ❷ I'm
④ ❶ Yes, they are. ❷ No, we aren't(No, we're not).

| 1 | be 動詞の文 | 93

part 2 理科
part 3 数学
part 4 英語
part 5 国語

2. 名詞・代名詞

1 数えられる名詞と数えられない名詞 ★★

This is an orange.
（これはオレンジです。）

This is Tom.
（こちらはトムです。）

数えられる 名詞	普通名詞	pen, boy など	a, an がつき、 複数形がある。
	集合名詞	family, team など	
数えられない 名詞	固有名詞	Japan, Tom など	a, an がつかず、 複数形がない。 常に単数扱い。
	物質名詞	water, milk など	
	抽象名詞	peace（平和）など	

 次の単語の中から数えられる名詞を選びなさい。

ア Tokyo　　イ radio　　ウ family　　エ coffee
オ dog　　　カ peace　　キ girl　　　ク Nancy

2 複数形の作り方 ★★

I have three books in my bag.
（私はかばんの中に本を 3 冊持っています。）

	名詞の語尾	変化	例
規則変化	ふつうのもの	s をつける	cat → **cats**
	-ch, -sh, -x, -s	es をつける	bus → **buses**
	〈子音字＋y〉	y を i にして -es	city → **cities**
	-f, -fe	-f, -fe を -ves に	knife → **knives**
不規則変化		woman → **women**　　child → **children**	

確認② 次の(　)内の語を正しい形にかえなさい。

❶ I have three (watch).　　❷ These (baby) are cute.
❸ I know those (child).　　❹ I have two (box).

解答　① イ, ウ, オ, キ
　　　② ❶ **watches**　❷ **babies**　❸ **children**　❹ **boxes**

得点 UP! ● 代名詞や名詞の所有格は名詞の前に置く。

③ 代名詞の目的格 ★★

I know him. (私は彼を知っています。)

He studies with her. (彼は彼女と一緒に勉強します。)

動詞や前置詞のあとの代名詞は **目的格**(「～を, ～に」の形)にする。

	私	あなた	彼	彼女	それ	私たち	あなたたち	彼ら, それら
～は(主格)	I	you	he	she	it	we	you	they
～を(目的格)	me	you	him	her	it	us	you	them

you に注意! I like you. ← 目的格   You are kind. ← 主格

 次の下線部を1語の代名詞で置きかえなさい。

❶ I like Mike's brother.
❷ He plays tennis with Ken and me.

④ 代名詞の所有格・所有代名詞 ★★

Is this your piano? (これはあなたのピアノですか。)

—Yes, it's mine. (はい, 私のです。)

「～の」は所有格で, 「～のもの」は所有代名詞で表す。

	私	あなた	彼	彼女	それ	私たち	あなたたち	彼ら, それら
～の(所有格)	my	your	his	her	its	our	your	their
～のもの	mine	yours	his	hers	/	ours	yours	theirs

「メアリーの」は **Mary's** と表す。
his に注意! This is his book. ← 所有格   This book is his. ← 所有代名詞

 次の( )内の語を正しく並べかえなさい。

❶ (are, shoes, hers, these). _____.
❷ (books, those, are, your)? _____?
❸ Yes, (ours, are, they). _____.

 解答 ③ ❶ **him** ❷ **us** ④ ❶ **These shoes are hers**
❷ **Are those your books** ❸ **they are ours**

2 | 名詞・代名詞 | 95

3. 一般動詞の文

1　一般動詞 ★★★

I play tennis.　　**I have a large bag.**
（私はテニスをします。）　　（私は大きなかばんを持っています。）

be動詞	一般動詞	
	動　作	状　態
am	**play**（（競技を）する）	**like**（好きである）
is　{（〜である）	**speak**（話す）	**have**（持っている）
are	**study**（勉強する）	**know**（知っている）

 次の（　）内から正しい語を選びなさい。

❶ I (am, play, know) soccer every Saturday.
❷ You (are, like, speak) dogs very much.

2　I play 〜 . の疑問文，否定文 ★★★

Do you play tennis ?　　**—Yes, I do.**
（あなたはテニスをしますか。）　　（はい，します。）

肯定文　You play soccer.
疑問文　**Do** you play soccer ?
　　答え方　Yes, I **do**. / No, I **don't**.
　　　　　　　　　　　　↳ do not の短縮形
否定文　You **don't** play soccer.

 次の英文を（　）内の指示どおりにかえなさい。

❶ You speak English.　（疑問文に）

_____

❷ I like bananas.　（否定文に）

_____

 ❶ ❶ play ❷ like
　　　　❷ ❶ Do you speak English ? ❷ I don't like bananas.

得点 UP! ● 一般動詞を用いた文の疑問文，否定文は do〔does〕を使う。

③ He plays ～ . の文★★★

He studies English after dinner.
（彼は夕食後に英語を勉強します。）

3人称単数とは，「私」，「あなた」以外の人〔物〕で，単数のものをいう。
主語が3人称単数のとき，一般動詞の語尾に s や es をつける。

動詞の語尾	変化	例
ふつうのもの	s をつける	like → **likes**, know → **knows**
-s, -o, -sh, -ch, -x	es をつける	go → **goes**, watch → **watches**
〈子音字＋y〉	y を i にして es	study → **studies**

例外
have → has

ここ確認③ 次の( )内の語を正しい形にかえなさい。

❶ My sister (go) to school by bus.
❷ Your brother (study) English very hard.

④ He likes ～ . の疑問文，否定文★★★

Does he speak Japanese?　—Yes, he does.
（彼は日本語を話しますか。）　　（はい，話します。）

肯定文 He likes music.

疑問文 **Does** he *like* music ?
　　　　　　　原形

動詞が原形になる
ことに注意！

答え方 Yes, he **does**. / No, he **doesn't**.
　　　　　　　does not の短縮形 ↗

否定文 He **doesn't** *like* music.
　　　　　　　　原形

原形とは s や es が
つかない
形だよ。

ここ確認④ 次の( )内から正しい語を選びなさい。

❶ (Is, Do, Does) he know the girl ?
❷ Ms. Green (isn't, don't, doesn't) play tennis.

解答 ③ ❶ **goes** ❷ **studies** ④ ❶ **Does** ❷ **doesn't**

part 1 社会
part 2 理科
part 3 数学
part 4 英語
part 5 国語

4. What (Who, Which) ～? の文

1 What ～? の文 ★★★

What is *this*? —*It* is a camera.
（これは何ですか。）　（それはカメラです。）

What are these ? ⇨ They are pens.
疑問詞　　　　　複数

Do you have a pen ? の下線部をたずねる文は,

What do you have ? ⇨ I have a pen.
〈疑問文の語順〉

（何を持っていますか。）　（ペンを持っています。）

疑問文の these は
答えの文では
they に
なるよ。

ココ 確認① 次の(　)に適する語を入れなさい。

❶ What are those ? ―(　　　) are my notebooks.
❷ (　　　) do you (　　　) on Sunday ? —I play soccer.

2 Who ～? と Whose ～? の文 ★★★

Who plays the guitar ? —Mary *does*.
（だれがギターをひきますか。）　（メアリーがひきます。）

Who is he ? ⇨ He is Mike.
（彼はだれですか。）

Who uses this pen ? ⇨ My sister **does**.
（だれがこのペンを使いますか。）　　=uses

Whose book is that ? ⇨ It is **Jane's**.
だれの本　　　　　　　　　　=Jane's book

（あれはだれの本ですか。）

Jane's は
「ジェーンのもの」
という
意味もあるよ。

ココ 確認② 次の(　)内から正しい語を選びなさい。

❶ Who likes the song ? —John (is, does).
❷ (Who, Whose) book is this ? —It's (my, mine).

解答 ① ❶ **They** ❷ **What, do(play)**
　　　　② ❶ **does** ❷ **Whose, mine**

得点 UP! ● 疑問詞で始まる疑問文には Yes, No では答えない。

③ Which ～ ? の文 ★★

Which is your notebook ? —This is *mine.*
（どちらがあなたのノートですか。）　（こちらが私のです。）

<u>**Which**</u> is your radio ? ⇨ This is **mine**.
（どちらがあなたのラジオですか。）　＝my radio

<u>**Which**</u> book is Ken's ? ⇨ That is **his**. 「彼のもの」
（どちらの本がケンのものですか。）　＝his book

 次の疑問文に対する（　）内の応答を 3 語で答えなさい。

❶ Which is Mary's desk ?　（こちらが彼女のものです）

❷ Which umbrella is mine ?　（あちらがあなたのものです）

④ Which is ～ , A or B ? の文 ★★

Which is your bike, this or that ? —*This* is mine.
（こちらとあちらではどちらがあなたの自転車ですか。）（こちらが私のです。）

「A と B ではどちらが～ですか」 <u>**Which**</u> is ～ , A <u>**or**</u> B ?
<u>**Which**</u> is your bag, this (↗) <u>**or**</u> that (↘) ?
（こちらとあちらではどちらがあなたのかばんですか。）
⇨ That is mine. （あちらが私のです。）

 次の問いに対する正しい答えの文を選びなさい。

❶ Which is Emi's cup, this or that ?
❷ Whose pen is this ?
ア It's Emi's.　イ Yes, she is.　ウ This is hers.

 ③ ❶ **This is hers.** ❷ **That is yours.**
④ ❶ ウ ❷ ア

part
1
社会

part
2
理科

part
3
数学

part
4
英語

part
5
国語

5. Where (When, How) ～ ? の文

① Where ～ ? の文 ★★

Where do you live ?
（あなたはどこに住んでいますか。）

—I live in Tokyo.
（私は東京に住んでいます。）

「どこに、
どこで」は
where。

Where is Mari ? ⇨ She is *in her room*.
「どこに」　——主語—→　場所を表す語句

Do you play soccer in the park ?
　　　　　　　　　　　　　　　↑この部分をたずねると

Where do you play soccer ? ⇨ I play it *in the park*.
「どこで」〈疑問文の語順〉　　　　　　　「公園で」

 次の下線部をたずねる文を作りなさい。

❶ Tom is <u>in the library</u>.

❷ She lives <u>in Osaka</u>.

② When ～ ? の文 ★★

When do you watch TV ?
（あなたはいつテレビを見ますか。）

—After dinner.
（夕食後です。）

When is <u>your birthday</u> ? ⇨ It is *February 28*.
「いつ」　——主語—→　時を表す語句

「いつ」は
when。

Does he play tennis after school ?
　　　　　　　　　　　　　↑この部分をたずねると

When does he play tennis ? ⇨ He plays it *after school*.
「いつ」〈疑問文の語順〉　　　　　「放課後」

 次の(　)に適する語を入れなさい。

❶ (　　) (　　) Takeshi's birthday ?　—It's October 30.
❷ (　　) (　　) Fred cook ?　—Every Sunday.

解答 ① ❶ **Where is Tom ?** ❷ **Where does she live ?**
② ❶ **When, is** ❷ **When, does**

part 1 社会
part 2 理科
part 3 数学
part 4 英語
part 5 国語

3 How ～? の文 (1)★★

How much is this bag ?　—It's *1,000 yen*.
（このかばんはいくらですか。）　　（1,000円です。）

年齢 How **old** are you ?　⇨　I'm twelve years old.
（あなたは何歳ですか。）　　　　「12歳」

数 How **many** pens do you have ?　⇨　I have six.
（あなたは何本のペンを持っていますか。）　「6本」

身長 How **tall** ～?　**長さ・期間** How **long** ～?
距離 How **far** ～?　**金額** How **much** ～?

ここ確認③ 次の（　）に適する語を入れなさい。

❶ (　　) (　　) is that bridge ?　—It's ten meters long.
❷ (　　) (　　) sisters do you have ?　—I have two.

4 How ～? の文 (2)★★

How do you go to school ?　—I go *by bike*.
（あなたはどうやって学校に行きますか。）　（自転車で行きます。）

手段・方法をたずねる How（どうやって）
How do you go to the library ?　⇨　I go *by bus*.
〈疑問文の語順〉　　　　　　　　　「バスで」

by train「列車で」
on foot「徒歩で」

How ～? の会話表現	How **are** you ?	「ごきげんいかがですか」
	How **about** you ?	「あなたはどう思いますか」
	How **is**＋名詞 ～?	「～(の様子)はどうですか」

ここ確認④ 次の（　）に適する語を入れなさい。

❶ (　　) (　　) your brother ?　—He is fine.
❷ (　　) (　　) he go to school ?　—He goes on foot.

解答
③ ❶ How, long　❷ How, many
④ ❶ How, is　❷ How, does

英語

6. 形容詞・副詞

① 〈形容詞＋名詞〉の文 ★★

This is an easy question.
（これは簡単な問題です。）

人やものの性質・状態・形・大きさなどを表す語を 形容詞 という。

　a car「車」
　　⇨a **new** car「新しい車」
　　　〈形容詞＋名詞〉

　a hat「帽子」
　　⇨a **nice** hat「すてきな帽子」
　　　〈形容詞＋名詞〉

ここ確認① 次の文の下線部を（　）内の意味にして，英文を作りなさい。

❶ That's a temple. （古い寺）

❷ He is a doctor. （若い医者）

❸ She is my friend. （私のよい友達）

② 〈主語＋be 動詞＋形容詞〉の文 ★★

This ship is big.　**That ship is small.**
（この船は大きい。）　（あの船は小さい。）

This dog is cute.　⇨　**This** is a cute dog.
「このイヌは」　　　　　「これは」

That man is kind.　⇨　**That** is a kind man.
「あの男の人」　　　　　「あちらは」

ここ確認② 次の 2 文が同じ意味になるように，（　）に適語を入れなさい。

❶ This radio is old.　→　This is（　　　）（　　　）radio.
❷ That's a funny book.　→　That（　　　）（　　　）funny.

解答 ❶ ❶ **That's an old temple.** ❷ **He is a young doctor.**
　　　　❸ **She is my good friend.** ❷ ❶ **an, old** ❷ **book, is**

part 1 社会
part 2 理科
part 3 数学
part 4 英語
part 5 国語

③ 副詞の用法 (1)：副詞の働き★★

Tom plays baseball well.
（トムは上手に野球をします。）

動詞・形容詞・副詞などを修飾するものを 副詞 という。

I **get** up <u>early</u>.　She is <u>**very**</u> kind.
　動詞　　┗副詞　　　　副詞┛┗形容詞

---副詞句（2語以上で副詞的な働きをする語句）---
after school（放課後），**by** bus（バスで）
over there（向こうに），**in** the morning（午前中）

副詞の表すもの
時 (now など)
場所 (here など)
様子 (well など)
程度 (very など)

 次の（　）に右から適する語を選んで入れなさい。

❶ Don't play baseball (　　　).
❷ She is free (　　　) the evening.

(on　　　in)
(here　　at)

④ 副詞の用法 (2)：副詞の位置★★★

Lisa often comes here.
（リサはよくここへ来ます。）

always「いつも」, usually「ふつう」
sometimes「ときどき」

頻度を表す副詞の位置に注意しよう。

She **always** goes to school by bike.
　　一般動詞の前

（彼女はいつも自転車で学校に行きます。）

She is **always** happy.　（彼女はいつも幸せです。）
　　be 動詞のあと

一般動詞の文と
be 動詞の文で
位置がちがうよ。

 次の（　）内から正しい語句を選びなさい。

❶ She (goes often,　**often goes**) to school by bus.
❷ My father (is sometimes,　**sometimes is**) busy on Sunday.

 ❸ ❶ **here** ❷ **in**　❹ ❶ **often goes** ❷ **is sometimes**

part **4**

英語

7. can の文

① 「〜できる」(能力)の文★★★

Jun can run fast.
(ジュンは速く走ることができます。)

「〜できる」と「能力」を表す形は〈can＋動詞の原形〉。

I speak French.　　　　She plays the piano.

　　　　　　　　　　　　　　3単現の s

I **can** *speak* French.　　She **can** *play* the piano.

「〜できる」　動詞の原形　　「〜できる」　動詞の原形

ココ確認① 次のようなとき，英語でどう言えばよいか。指定された語数で答えなさい。

❶ 自分が速く泳げることを説明するとき。(4語)

❷ タロウが上手に歌えることを説明するとき。(4語)

② can 〜 の文の疑問文と否定文★★★

Can you play the piano ?　—Yes, I can.
(あなたはピアノをひけますか。)　　(はい，ひけます。)

肯定文 He **can** cook.
疑問文 **Can** he cook ?
　答え方 Yes, he **can**. / No, he **can't**.
　　　　　　　　　　　　　└ cannot の短縮形
否定文 He **cannot**(**can't**) cook.

疑問文と否定文は
be 動詞の文と
同じ
ルール
だよ。

ココ確認② 次の(　)に適する語を入れなさい。

❶ (　　　) she skate ?　—Yes, she can.
❷ Can you ride a unicycle ?　—No, I (　　　).

解答 ① ❶ I can swim fast.　❷ Taro can sing well.
　　　② ❶ Can　❷ can't(cannot)

得点 UP! ● can のあとは主語が何であっても動詞の原形が続く。

③ 「~できる」(可能)の文 ★★★

We can play soccer here.
(私たちはここでサッカーができます。)

〈can＋動詞の原形〉は、「~することが可能だ」も表す。
You **can** enjoy a picnic in this park.
　「楽しむことが可能です」→「楽しめます」
Can we see Mt. Fuji there？ —Yes, you **can**. / No, you **can't**.
「見ることは可能ですか」→「見られますか」

ここ 確認③　次の（ ）に適する語を入れなさい。

❶ (　　　) we (　　　) fireworks there？ (そこでは花火を見られますか。)
❷ (　　)(　　)I(　　) that？ (どこでそれを買えますか。)

④ 「~してもらえますか」「~してもよいですか」の表現 ★★★

Can you help me with my homework？
(私の宿題を手伝ってもらえますか。)

Can you ~？「~してもらえますか」(相手に依頼(お願い)する)
Can I ~？「~してもよいですか」(相手に許可を求める)

Can you open the window？	**Can I** borrow your textbook？
(窓を開けてもらえますか。)	(教科書を借りてもいいですか。)
答え方 Sure. / All right. (いいですよ。)	答え方 Sure. / Of course. (いいですよ。)
Sorry, I can't.	Sorry, but ~ .
(すみませんができません。)	(すみませんが、~。)

ここ 確認④　次のようなとき、英語でどう言えばよいか。指定された語数で答えなさい。

❶ ドアを閉めてもらえるかと相手に依頼するとき。 (5語)
_____

❷ ここで写真を撮ってもよいか相手に許可を求めるとき。 (5語)
_____

解答　③ ❶ Can, see ❷ Where, can, buy
　　　④ ❶ Can you close the door？ ❷ Can I take pictures here？

8. 命令文・want to ～ の文・look＋形容詞の文

1 「～しなさい」の文 ★★★

Come here. —All right.
（こちらに来なさい。） （わかりました。）

「～しなさい」と命令する文は主語を省略し，**動詞の原形** で始める。

You stand up.

命令文 ┊ Stand up.
　　　　動詞の原形
　　　「立ちなさい」

> 「～してください」と
> ていねいに言うときは
> Please stand up.
> =Stand up, please.

ここ確認① 次の英文を命令文にしなさい。

❶ You open the window. → (　　　) the window.
❷ You study English. → (　　　) English.

2 「～してはいけない」,「～しましょう」の表現 ★★★

Don't swim here. **Let's** sing a song.
（ここで泳いではいけません。） （歌を歌いましょう。）

「～してはいけない」と禁止を表す命令文は〈**Don't**＋動詞の原形〉。
命令文　　**Sit** down. （すわりなさい。）
禁止する文　**Don't** sit down. （すわってはいけません。）

「～しましょう」と相手をさそうときは〈**Let's**＋動詞の原形〉。
Let's play tennis. （テニスをしましょう。）
答え方 Yes, **let's**. / All right. / O.K. / （断るとき） No, let's not.

ここ確認② 次のようなとき，英語でどう言えばよいか。指定された語数で答えなさい。

❶ この窓を閉めてはいけないと禁止するとき。 （4語）

❷ 公園へ行こうと相手をさそうとき。 （5語）

解答 ① ❶ **Open** ❷ **Study**
② ❶ **Don't close this window.** ❷ **Let's go to the park.**

得点 UP! ●Ken, sit down. の Ken は, 主語ではなく呼びかけの言葉。

③ want to ~ の文 ★★★

I want to go to the museum today.
（私はきょう博物館に行きたいです。）

〈to＋動詞の原形〉を不定詞と言う。

〈want to＋動詞の原形〉「~したい」	〈want to be ~〉「~になりたい」
肯定文 She **wants to** *go* there.	I **want to** be a teacher.
疑問文 *Does* she **want to** *go* there ?	Do you **want to** be a teacher ?
答え方 Yes, she *does.* /	Yes, I do. /
No, she *doesn't.*	No, I don't.
否定文 She *doesn't* **want to** *go* there.	I *don't* **want to** be a teacher.
疑問文 Where does she **want to** *go* ?	What do you **want to** be ?
「どこに〔へ〕」	「何に」

確認③ 次の（ ）に適する語を入れなさい。

❶ He ( )( )( ) a singer. （彼は歌手になりたいと思っています。）

❷ ( ) do you ( )( ) eat ? （あなたは何を食べたいですか。）

④ 〈主語＋一般動詞＋形容詞〉の文 ★★

This cake looks delicious. （このケーキはとてもおいしそうですね。）

be 動詞「~である」以外の動詞で，主語の様子や状態を表す。

〈look＋形容詞〉「~に見える」　　　　　〈feel＋形容詞〉「~に感じる」

You are *wonderful.*	○「あなたは~に見える」	I am *happy.*
「すばらしい」		「幸せだ」
You **look** *wonderful.*	×「あなたは見る」	I **feel** *happy.*
「（外見が）すてきだ〔すてきに見える〕」		「幸せな気分だ」

確認④ 次の英文を，主語の外見からどう見えるかを表す文にしなさい。

❶ You are happy. _____

❷ Her dress is cute. _____

解答
③ ❶ **wants, to, be** ❷ **What, want, to**
④ ❶ **You look happy.** ❷ **Her dress looks cute.**

8 命令文・want to ~ の文・look＋形容詞の文 107

part4

9. It で始まる文・曜日や数に関する文

1 天候，寒暖を表す文 ★★

It is *fine* today.
（きょうは晴れです。）

It is very *hot*, too.
（そのうえとても暑いです。）

天候や，「寒い」「暑い」などを表すときの主語は，**It** を使う。
┗— It は訳さない

天候	It is *cloudy*. （くもりです。） It is *rainy* today. （きょうは雨です。）
寒暖	It is *cold* now. （今は寒いです。） It is *hot* in summer. （夏は暑いです。）

「暖かい」は warm
「涼しい」は cool

ここ 確認① 次の（　）に適する語を入れなさい。

❶ （　　　） is （　　　） today. （きょうはくもりです。）
❷ （　　　）（　　　） cold in London ? （ロンドンは寒いですか。）

2 時刻を表す文 ★★

What time is it now ?
（今何時ですか。）

—It is ten thirty.
（10時30分です。）

「時刻」を表すときは **It** を主語にして It is eight. のように言う。
┗— It は訳さない

<u>What</u> <u>time</u> is <u>it</u> ? （何時ですか。）
—<u>It</u> is <u>six</u> (o'clock). （6時です。）（o'clock「〜時（ちょうど）」）
—<u>It</u> is <u>eleven</u> <u>forty-five</u>. （11時45分です。）
　　　　　　〈時〉　〈分〉

「11時45分」は
11、45と
数字を順番に言うよ。

ここ 確認② 次の（　）に適する語を入れなさい。

❶ It is （　　　）（　　　）. （12時15分です。）
❷ It's （　　　）（　　　）. （4時47分です。）

解答 ① ❶ It, cloudy ❷ Is, it
　　　② ❶ twelve, fifteen ❷ four, forty-seven

得点 UP! ● 天候・寒暖・時刻・曜日・日付は It を主語にして表す。

part 1 社会
part 2 理科
part 3 数学
part 4 英語
part 5 国語

③ 曜日・日付をたずねる文 ★★

What day is today ? —**It is Thursday.**
（きょうは何曜日ですか。）（木曜日です。）

What **day** (of the week) is (it) today ?
（きょうは何曜日ですか。）
—It is Wednesday. （水曜日です。）
What's the **date** today ? （きょうは何月何日ですか。）
—**It's** October 5. （10 月 5 日です。）
└─ October (the) fifth と読む。

 次の（　）に適する語を入れなさい。

❶ (　　) (　　) is it today ? —It is Tuesday.
❷ (　　) the (　　) today ? —It is February 9.

④ 基数と序数 ★★

December is *the* twelfth month of the year.
（12 月は 1 年の 12 番目の月です。）

基数は数を表す。**序数**は順序を表すときに使い，前に the がつく。

基数	序数				
1 one	**first**	5 five	**fifth**	13 thirteen	**thirteenth**
2 two	**second**	8 eight	**eighth**	15 fifteen	**fifteenth**
3 three	**third**	9 nine	**ninth**	20 twenty	**twentieth**
4 four	**fourth**	11 eleven	**eleventh**	40 forty	**fortieth**
		12 twelve	**twelfth**	50 fifty	**fiftieth**

 次の（　）に適する語を入れなさい。

❶ September is the (　　) month of the year.
❷ The (　　) month of the year is February.

解答 ③ ❶ **What, day** ❷ **What's, date**
④ ❶ **ninth** ❷ **second**

part4 英語

10. 現在進行形 (be 動詞＋〜ing の文)

① 現在進行形の形と意味 ★★★

Yuka is reading a book now.
（ユカは今，本を読んでいます。）

〈be 動詞＋動詞の〜ing 形〉で「〜している(ところだ)」。
I am studying English.（私は英語を勉強しています。）

動詞の語尾	変　化	例
ふつうのもの	ing をつける	study → **studying**　go → **going**
語尾が -e	e を取って -ing	make → **making**　come → **coming**
〈短母音＋子音字〉	子音字を重ねて -ing	run → **running**, swim → **swimming**

 次の( )内の語を正しい形にかえなさい。

❶ He is (write) a letter.
❷ They are (run) around the school.

② 現在進行形の疑問文，否定文 ★★★

Is Tom swimming?　—No.　He isn't swimming.
（トムは泳いでいますか。）　　　（いいえ。彼は泳いでいません。）

肯定文 Mary **is** playing tennis.
疑問文 **Is** Mary **playing** tennis?
　答え方 Yes, she **is**. / No, she **isn't**.
否定文 Mary **isn't** playing tennis.
　　　　　〈be 動詞＋not＋動詞の ing 形〉　　not は be 動詞のあと。

 次の( )に適する語を入れなさい。

❶ Are you reading a book?　—Yes, I (　　　).
❷ (　　　) Yuka studying?　—No.　She isn't studying.

 ❶❶ **writing** ❷ **running**　❷❶ **am** ❷ **Is**

得点 UP! ●進行形の疑問文・否定文は be 動詞の文のルールを使う。

3 What で始まる現在進行形の疑問文 ★★★

What are you doing ?　—**I am watching TV.**
(あなたは何をしていますか。)　(テレビを見ています。)

Bob is playing tennis.
└「何をしている」

What is Bob **doing** ?
(ボブは何をしていますか。)
答え方 He is playing tennis.

Ann is studying math.
└「何を」

What is Ann **studying** ?
(アンは何を勉強していますか。)
答え方 She is studying math.

 次の下線部をたずねる文を作りなさい。

❶ He is cooking.

❷ They are eating apples.

4 Who, Where で始まる現在進行形の疑問文 ★★★

Who is playing the piano ?　—**Nancy is.**
(だれがピアノをひいているのですか。)　(ナンシーです。)

Fred is using my pen.
└「だれが」

Who is using my pen ?
〔疑問詞が主語〕
答え方 Fred is.

疑問詞は 3 人称
単数の扱い。

Emi is running in the park.
└「どこで」

Where is Emi running ?
答え方 (She is running)
　In the park.

 次の( )に適する語を入れなさい。

❶ Who is singing ? —Taro ( ).
❷ ( ) is Ken swimming ? —In the pool.

 解答
❸ ❶ **What is he doing ?**　❷ **What are they eating ?**
❹ ❶ **is**　❷ **Where**

part **4**

月　　日

11. There is(are)～. の文・感嘆文

1 There is(are)～. の文 ★★★

There is a cat under the table.
（テーブルの下にネコが1匹います。）

There is(are)＋名詞～. 「～に…があります(います)」

名詞が単数 There **is** *a book* on the desk.

名詞が複数 There **are** *two pictures* on the wall.

> 短縮形は
> There is → There's
> There are → There're

There is(are) のあとには，不特定のものを表す名詞がくる。

There is *a watch* on the desk.　　*My watch* is on the desk.
└─ 不特定のもの　　　　　　　　　　└─ 特定のもの(my ～, the ～ など)

 次の(　)内から正しい語(句)を選びなさい。

❶ There (is,　are) a lot of people in the park.
❷ There is (this bench,　a bench) in the garden.

2 There is(are)～. の疑問文，否定文 ★★★

Is there a park around here?　—No, there isn't.
（このあたりに公園はありますか。）　（いいえ，ありません。）

肯定文 There are **some** pens on the desk.

疑問文 Are there **any** pens on the desk?
　答え方 Yes, there are. / No, there aren't.

否定文 There aren't **any** pens on the desk.
　＝There are **no** pens on the desk.

> 「いくつかの」
> 肯定文 some
> 疑問文 any

> not any ～s
> ＝no ～s

 次の(　)内から正しい語を選びなさい。

❶ (Is,　Are) there any girls in the room?
❷ There (are,　aren't) any pencils in my pencil case.

解答 ❶ ❶ are　❷ a bench　　❷ ❶ Are　❷ aren't

得点 **UP!** ● <There is +単数名詞>, <There are +複数名詞>

③ What を使った感嘆文 ★★

What a tall tower !
(なんて高い塔なんだろう!)

> What や How で始まる文でも、文末は〈?〉ではなく〈!〉

「なんて〜な…だろう」と、感動や驚きを表す。

〈What＋a(an)＋形容詞＋名詞(単数)＋!〉

> a とan を使い分ける。

What *a* big hamburger !   **What** *an* interesting book !
「大きいハンバーガー」   「おもしろい本」

〈What＋形容詞＋名詞(複数)＋!〉

What pretty flowers !   **What** busy days !   ← a(an)をつけない。
「かわいらしい花」   「忙しい日々」

 確認③ 次の下線部と what を用いて、感動や驚きを伝える文を作りなさい。

❶ This is an exciting game.   _____
❷ They are nice people.   _____

④ How を使った感嘆文 ★★

How nice !
(なんてすてきなのでしょう!)

「なんて〜だろう」と、感動や驚きを表す。

> うしろに名詞をつけない。

〈How＋形容詞＋!〉

How kind ! 「なんて親切なのでしょう!」   **How** wonderful ! 「なんとすばらしい!」

〈How＋副詞＋!〉

How fast ! 「なんて速いんだ!」   **How** well ! 「なんて上手なんだ!」

 確認④ 次の下線部と how を用いて、感動や驚きを伝える文を作りなさい。

❶ This picture is interesting. _____
❷ The beach is beautiful.   _____

 解答 ③ ❶ What an exciting game ! ❷ What nice people !
④ ❶ How interesting ! ❷ How beautiful !

12. 動詞の過去形・過去進行形

① be 動詞の過去形 ★★★

I was in Kobe yesterday. （私は昨日神戸にいました。）

現在の文	She **is** tired *now*.	You **are** busy.
過去の文	She **was** tired *then*.	You **were** busy.
	「～でした」「そのとき」	「～でした」

is, am → was
are → were

疑問文 **Was** she tired yesterday ?
答え方 Yes, she **was**. / No, she **wasn't**.
否定文 She **wasn't** tired yesterday. ＝was not

 次の（　）に適する語を入れなさい。

❶ He (　　　) twelve years old two years ago.
❷ (　　　) you in Tokyo last week ?　—No, I (　　　).

② 一般動詞の過去形（規則動詞）★★★

Mike watched TV last night.
（マイクは昨夜テレビを見ました。）

現在の文 I **live** in Kyoto *now*.
過去の文 I **lived** in Osaka last year.
疑問文 **Did** you **live** in Osaka last year ?
答え方 Yes, I **did**. / No, I **didn't**.
否定文 I **didn't live** in Kyoto last year.

規則動詞の過去形の ed のつけ方			
ふつうのもの	play → **played**	〈子音字＋y〉	study → **studied**
-e で終わる語	like → **liked**	〈短母音＋子音字〉	stop → **stopped**

 次の（　）内の語を正しい形にかえなさい。

❶ I (help) my mother yesterday.
❷ He (study) math last night.

解答 ① ❶ was　❷ Were, wasn't　② ❶ helped　❷ studied

UP! ●yesterday (昨日), last ~ (前の~), ~ago (~前)は過去を表す。

③ **一般動詞の過去形(不規則動詞)**★★★

Mika came here last week. (ミカは先週ここに来ました。)

| 現在の文 | I often go to the bookstore. |
| 過去の文 | I went to the bookstore yesterday. |

不規則動詞の変化のしかた	
文字1字がかわる	come → **came**, know → **knew**, make → **made**
2文字以上かわる	go → **went**, see → **saw**, speak→ **spoke**, say → **said**
原形と同じ形	put → **put**, cut → **cut**, read[riːd] → **read**[red]

ここ確認③ 次の下線部の動詞を過去形にかえなさい。

❶ I see a panda. ❷ You speak slowly.
❸ She knows him. ❹ He reads many books.

④ **過去進行形 was (were) ~ing の文**★★

They were playing basketball then.
(彼らはそのときバスケットボールをしていました。)

〈be動詞の過去形＋動詞の~ing形〉で「~していた(ところだ)」。

| 現在進行形 | I *am* cooking now. |
| 過去進行形 | I **was** cooking then. |

then で過去のある時点を表している。

| 疑問文 | **Were** you cooking then? —Yes, I **was**. / No, I **wasn't**. |
| 否定文 | I **wasn't** cooking then. |

主語によってbe動詞を使い分ける。

| 疑問文 | What **were** you doing then? —I **was** cooking. |

ここ確認④ 次の( )に適する語を入れなさい。

❶ I ( ) studying at eight last night.
❷ What ( ) you doing at that time? —I was taking a bath.

 解答 ③ ❶ saw ❷ spoke ❸ knew ❹ read
 ④ ❶ was ❷ were

part 1 社会
part 2 理科
part 3 数学
part 4 英語
part 5 国語

13. 未来表現

① be going to ～ の文 ★★★

I am going to go shopping next Sunday.
（私は今度の日曜日に買い物に行くつもりです。）

> あらかじめ決めてある予定や計画などを表す。

〈be 動詞＋going to＋動詞の原形〉で「～するつもりだ」という予定や未来のことを表す。

肯定文 I *am* going to visit Kyoto this summer.
疑問文 *Are* you going to visit Kyoto this summer？ ―Yes I *am*. / No, I'm not.
否定文 I'*m* not going to visit Kyoto this summer.
疑問文 Where *is* she going to visit this summer？

> 主語によって be 動詞を使い分ける。

ここ確認① 次の（　）に適する語を入れなさい。

❶ I'm （　　　）（　　　） do my homework after dinner.
（私は夕食後に宿題をするつもりです。）
❷ （　　　）（　　　） you （　　　） to buy tomorrow？
（明日は何を買うつもりですか。）

② will ～ の文（1）★★★

I will get up early tomorrow morning.
（私は明日の朝は早く起きることにします。）

> その場で思いついた未来のことや意志を表す。

will は助動詞と言い，〈will＋動詞の原形〉で「～（することに）しよう」という未来のことを表す。
I will meet her this afternoon.
（彼女には今日の午後会うことにしよう。）

> 主語との短縮形は I'll, you'll, he'll, she'll, it'll, they'll。

ここ確認② 次の（　）に適する語を入れなさい。

❶ I （　　　）（　　　） my room tomorrow.
（明日は部屋の掃除をすることにしよう。）
❷ What （　　　） you （　　　） this evening？（今晩は何を食べますか。）

解答 ① ❶ **going, to** ❷ **What, are, going**
② ❶ **will, clean** ❷ **will, eat（have）**

得点 UP! ● be going to も will も，あとには動詞の原形が続く。

3 will ～ の文 (2) ★★★

It **will** be hot this week.

（今週は暑いでしょう。）

〈**will**＋動詞の原形〉は，「～(する)でしょう」という未来の予測も表す。

It is sunny today. （現在の状態）

肯定文 It **will** be sunny tomorrow. （未来の予測）

疑問文 **Will** it be sunny tomorrow ? —Yes it **will**. / No, it **will not(won't)**.

否定文 It **will not(won't)** be sunny tomorrow.

> will not の短縮形。

You **will** need an umbrella this weekend. When **will** she come back ?

　　「必要になるでしょう」　　　　　　　「いつ帰ってくるでしょうか」

確認③ 次の文を，未来を表す文にしなさい。

❶ It is rainy today. → It ( ) ( ) rainy tomorrow.

❷ Many fans visited the place. → Many fans ( ) ( ) the place.

4 未来を表すその他の表現 ★★

He is coming here next Sunday.

（彼は次の日曜日にここに来る予定です。）

現在形

My birthday **is** next Sunday. The concert **starts** at seven o'clock.

　　└ 定期的な，決まった出来事　　　└ 確定しているスケジュール

be 動詞＋動詞の～ ing 形

Mary **is joining** us too. 「加わる予定です」

Who **is cooking** lunch tomorrow ? 「作る予定ですか」

> 確定的，手配済み
> の予定・計画を表す。

確認④ 次の( )に適する語を入れなさい。

❶ This Saturday ( ) the summer festival. （今度の土曜日は夏祭りです。）

❷ We are ( ) Canada next winter.

　（私たちは今度の冬にカナダを訪れる予定です。）

 解答 ③ ❶ will, be ❷ will, visit ④ ❶ is ❷ visiting

part 1 社会
part 2 理科
part 3 数学
part 4 英語
part 5 国語

② 接続語の種類 ★★

種類	説明	例
順接	前の内容を原因として、予期しうる結果があとに続く。	それで だから
逆接	前の内容とは逆の内容があとに続く。	しかし ところが
並列・累加	前の内容にあとの内容を並べたり、つけ加えたりする。	また さらに
説明・補足	あとの内容が前の内容を説明したり、補ったりする。言いかえ、理由など。	つまり または
対比・選択	前後の内容を比べたり、どちらかを選んだりする。	他方 あるいは
転換	話題を変える。	さて ところで

● 接続語は、それがつなぐもの（語句と語句、文と文、段落と段落）どうしの関係を表す。

● 接続語は、接続詞、接続助詞を含む文節、副詞の一部（例えば）などから成る。

ここ確認

❷ 次の（　）にあてはまらない語を、一つ選びなさい。
この本は、とてもおもしろい。（　）、ためになる。

ア さらに　イ また　ウ しかも　エ したがって

これ 暗記

指示語の指す内容を明らかにしながら読むのが、読解の基本。

解答

ここ確認
❶ ①エ　②ウ
❷ エ

テストでは
A （あの）老人
B ウ

接続語が文章の展開を決めるのだ！

part 5

国語

5.

指示語・接続語

part
1
社会

part
2
理科

part
3
数学

part
4
英語

part
5
国語

月
日

得点
UP!

文章の内容や論理的な展開を理解するために、指示語・接続語の理解を深めよう。

① 指示語の種類 ★★★

	近称	中称	遠称	不定称
事物	これ	それ	あれ	どれ
場所	ここ	そこ	あそこ	どこ
方向	こちら	そちら	あちら	どちら
状態	こんな	そんな	あんな	どんな
	こう	そう	ああ	どう
指定	この	その	あの	どの

● 指示語は、同じ語句の繰り返しを避けるために使い、「こそあど言葉」ともいう。

● 指示語より前に、指示される内容を探すのが原則。

● 指示語は、名詞、副詞、連体詞などから成る。

テストでは

A 次の――線部が指す語句を書きなさい。

あの老人はどこへ行ったか、もう<u>あたりにはそれらしい</u>、影も形も見当たりません。ところが更に不思議なことには、

B 次の（ ）にあてはまる接続語を、あとから選びなさい。

今日はお祭りだ。（　）人が多い。

ア しかし　イ それでも
ウ だから　エ それから

ここ
確認

❶ 次の会話の（ ）にあてはまる指示語を、それぞれあとから選びなさい。

「（ ① ）ケーキにしようか。」「（ ② ）にしよう。」

ア そんな　イ どこ　ウ これ　エ どの

③ 単語の品詞分類 ★★★

単語									
付属語		自立語							
活用なし	活用あり	活用なし					活用あり		
		主語になれない				主語になれる	述語になれる		
助詞	助動詞	感動詞	接続詞	連体詞	副詞	名詞	形容動詞	形容詞	動詞
が・ので・だけ・か	ようだ・ます・たい	まあ・ええ・もしもし	そして・しかし・また	その・あらゆる・大きな	ゆっくり・少し・もし	机・京都・百人・私・君・ここ・それ	元気だ・静かだ	白い・快い・美しい	打つ・見る・投げる
						体言	用言		

● 単語は十種類の品詞に分類できる。

● 名詞の種類には、普通名詞・固有名詞・数詞・代名詞・形式名詞がある。

● 副詞は主に用言を、連体詞は体言を修飾する。

ここ確認 ②
次の——線部の品詞名を答えなさい。
家①まで の長い 道のり②を ③てくてくと 歩いて ④帰る。

ここ重要
自立語と付属語の性質をしっかりおさえよう。

これ暗記
文節は、まず自立語で、そのあとに付属語がつく。

解答

ここ確認
① (自立語)8 (用言)3
② ①形容詞 ②助詞 ③副詞 ④動詞

テストでは
A
① 自立語・形容詞
② 自立語・名詞
③ 付属語・助詞
④ 付属語・助動詞
B
ア・イ(形容詞)

part 5

国語

part 1 社会
part 2 理科
part 3 数学
part 4 英語
part 5 国語

4. 単語の分類

① 自立語と付属語 ★★★

付属語	自立語
単独では文節を作れない。必ず自立語に付属して文節を作る。助詞・助動詞の二つだけ。文節では自立語のあとにつく。	単独で文節を作ることができる。各文節の先頭に一つだけある。助詞・助動詞以外のすべての品詞。

② 用言と体言 ★★

体言	用言
自立語で活用がなく、「が・は・も」をつけて主語になることができる。名詞のみ。	自立語で活用があり、単独で述語になることができる。動詞・形容詞・形容動詞の三つ。

得点UP!

文法の問題に強くなるために、十の品詞の性質をしっかり身につけておこう。

● 文節は先頭が必ず自立語で、あとはいくつかの付属語（ない場合もある）で構成されている。

例
やっと／
自 付

春が／来た
自 付 自 付

ようだ。
付

月　日

ここ確認

❶ 次の文の中に自立語と用言は、それぞれいくつありますか。

友達が誕生日にくれた青いペンは、僕の大切な宝物です。

テストでは

A 次の──線部の単語について、自立語か付属語か、また、品詞名は何かを答えなさい。

①速い川の②流れに足を取③られ、危うくおぼれ④そうになった。

B 次の──線部の中から、同じ品詞のものをすべて選びなさい。

ア赤い花がイ美しくウ咲いているエ島へ行きたい。

② 連文節 ★★

並立の関係	二つ以上の文節が対等に並び、一まとまりの働きをする関係。	定規と 消しゴムを 買う。 （修飾部 並立） 道のりは 長く 険しい。 （述部 並立）
補助の関係	下の文節が上の文節の意味を補い、一まとまりの働きをする関係。	鶴が 飛んで いく。 （述部 補助） 寒く ない 日も ある。 （修飾部 補助）

● 二つ以上の文節がまとまって、一つの文の成分と同じ働きをするものを連文節という。

● 連文節となった文の成分を、主部・述部・修飾部・接続部・独立部とよぶ。

③ 複雑な文の組み立て ★★

例

昨日、　私は、　イタチが　花壇に　隠れるのを　見た。

連用修飾語　主語　連用修飾部　主語　連用修飾語　述語　述語

解答

ここ確認
❶ 修飾・被修飾の関係
❷ （連用）修飾部

テストでは

Ａ ①（桜の）花は　②秋風が　③なし
Ｂ ウ・エ

文節どうしの6つの関係をしっかり覚えよう！

① 文節どうしの関係 ★★★

種類	説明	例
主・述の関係	主語…「誰が」「何が」を表す文節。述語…「どうする」「どんなだ」「何だ」を表す文節。	父が 笑う。 主語 述語 虹が 美しい。 主語 述語
修飾・被修飾の関係	修飾語…他の文節を詳しく説明したり、内容を補ったりする文節。	① 急いで 食べる。 修飾語 述語 ② 冷たい 風。 修飾語 述語
接続の関係	接続語…文と文、文節と文節をつなぐ文節。	寒い。だから、上着を着る。 暗いので 見えない。
独立の関係	独立語…単独で感動や応答を表す文節。	まあ、きれいな花。 はい、晴美です。

得点 UP!

● 文の成分は、文節単位で考える。
● 主語の見つけ方
 ① 「述語」を探す。
 ② 「誰が」「何が」を表す言葉を探す。
● 述語の位置は、文末が多い。
● ①のように用言を修飾するもの を連用修飾語、②のように体言を修飾するもの を連体修飾語と呼ぶ。

文の成分の中では、主語と述語がいちばん大切。必ず見分けられるようにしておこう。

月 日

ここ確認

● 次の──線部の文節どうしは、どのような関係ですか。

❶ 電話で友達の都合を尋ねる。

テストでは

A 次の文の主語を答えなさい。ない場合は「なし」と答えなさい。

① 桜の花はすぐに散る。

② 秋風がそよそよと吹く。

③ 大きな木を切る人だ。

B 次の──線部の中から修飾語をすべて選びなさい。

ア私は椅子に イにこし腰かけてから、ウうす暗い石油ランプの光に エ照らされた オ陰気な部屋の中を 見廻しました。

② 文節・単語の区切り方 ★★

```
文  →  文節  →  単語
```

文

彼はインドへ行きたいそうだ。

文節

彼は／インドへ／行き／たい／そうだ。

人に話す感じで、「ネ」「サ」「ヨ」を入れても自然に読めるところで区切る。

彼は　ネ　　ネ

彼は／インドへ／行きたいそうだ。

単語

彼／は／インド／へ／行き／たい／そうだ。

文節を、これ以上分けると意味がなくなるところまで細かく区切る。言葉の意味や働きを考えると区切りやすい。

彼　は／インド　へ／行き　たい／そうだ。
（希望）（伝聞）

- 補助の働きをする動詞も一文節と考える。

例 食べて／みる。
（二文節）

- 右の例の「みる」のように、本来の意味（目で見る）から離れて用いられる動詞を補助動詞という。

【ここ確認】

② 次の文を文節に区切ったところ、区切るのを忘れている場所が二つありました。それはどこか、「／」を入れなさい。

心に／残っている／思いを／書き留め、／ずっとこれからも／忘れない。

【ここ重要】

単語に区切るときは、文→文節→単語の順で区切る。

【これ 暗記】

文節に区切るときには、「ネ」「サ」「ヨ」を使う。

単語に区切るときは
付属語に注意しよう！

【解答】

【ここ確認】
① 4
② 残って／いる
ずっと／これからも

【テストでは】
A 7
B 24

part 1 社会
part 2 理科
part 3 数学
part 4 英語
part 5 国語

① 文・文節・単語 ★

文	文節	単語
一つのまとまった内容を表現した一続きの言葉。終わりに「。」(句点)をつける。	発音や意味が不自然にならない程度に文を区切ったまとまり。	言葉の意味を壊さないように、文節をさらに細かく区切ったもの。最小の単位の言葉。

句読点		
	句点(。)	文の最後につけるもの。
	読点(、)	文の途中で区切るときにつけるもの。

●単語の構成には三つあり、すべて一単語としてあつかう。

〈単純語〉
例 車

〈複合語〉
例 山+猫→山猫
走る+回る→走り回る

〈派生語〉
例 お+茶→お茶
彼+ら→彼ら

得点 UP!

文を文節に、文節を単語に区切れるよう、それぞれの特徴を確実に身につけておこう。

ココ確認

❶ 次の文章は、いくつの文から成り立っていますか。
吾輩は猫である。名前はまだ無い。どこで生れたか頓と見当がつかぬ。何でも薄暗いじめじめした所でニャーニャー泣いていた事だけは記憶している。

テストでは

A 次の文は、いくつの文節から成り立っていますか。
親譲りの無鉄砲で子供の時から損ばかりしている。

B 次の文は、いくつの単語から成り立っていますか。
唐の都洛陽の西の門の下に、ぼんやり空を仰いでいる、一人の若者がありました。

月 日

	かまえ	にょう	たれ	あし	かんむり	つくり	へん

部首の例・部首名	意味	例
イ(にんべん)	人	代・仲・侍
扌(てへん)	手	打・扱・措
刂(りっとう)	刀・切る	刊・判・到
阝(おおざと)	居住地	郡・邦・郊
艹(くさかんむり)	植物	花・芝・苗
𠆢(ひとやね)	人	今・会・企
儿(ひとあし・にんにょう)	人	兄・元・克
灬(れんが・れっか)	火	点・然・焦
广(まだれ)	家・屋根	広・度・床
疒(やまいだれ)	病気	病・痛・疾
辶(しんにょう・しんにゅう)	道・進む	辺・近・逃
廴(えんにょう)	伸びる	延・建・廷
門(もんがまえ)	門	開・間・閉
囗(くにがまえ)	囲む	固・国・団

● 部首が、その漢字の意味を表すことが多い。

例 ネ(しめすへん)…神に関する字。礼・社・神など。

● 漢字の部首以外の部分が、音を表すことがある。

例 問…問は口(くち)が部首だが、残りの部分(門)がモンという音を表している。

ここ確認

② 次の漢字の部首名を、ひらがなで書きなさい。

① 部 ② 芽 ③ 医 ④ 性

解答

ここ確認

① ① 指事 ② 会意
③ 象形 ④ 形声

② ① おおざと
② くさかんむり
③ かくしがまえ
④ りっしんべん

テストでは

A ① イ ② ア

B 例 五・天・本・末

C 例 限・陽・防・降

これ暗記

部首から漢字の意味が推測できる。

1. 漢字の成り立ちと部首

① 漢字の成り立ち ★★

種類	説明	例
象形	絵のように物の形を描いて、その物を表す。	日・鳥
指事	形のない抽象的な事柄を点や線やその組み合わせで表す。	二・上
会意	二つ以上の文字を組み合わせて新しい意味を表す。	森・炎
形声	二字を組み合わせて、一方で音を表し、他方で意味を表す。	江・銅
転注	本来の意味から離れ、他の意味に転用される。	楽(音楽) 楽しい
仮借	漢字の音だけを借りて表記する。	印度(インド)

● 上の六種類を六書という。

● 日本で、会意文字のようにして作られたものを国字という。
例 山+上+下 → 峠
火+田 → 畑

ここ確認

❶ 次の漢字は、右の表の六つの種類のうちのどれですか。
① 下 ② 鳴 ③ 山 ④ 花

得点 UP!

新しい漢字を習ったら、ほかにどんな読み方があるのか調べるようにしよう。

テストでは

Ａ 次の中から①象形文字・②形声文字をそれぞれ選びなさい。
ア 疲 イ 曲
ウ 明 エ 中

Ｂ 画数が四以上の指事文字を二つ書きなさい。

Ｃ 「こざとへん」の漢字を二つ書きなさい。

装丁デザイン　ブックデザイン研究所
本文デザイン　京田クリエーション
　　図　版　デザインスタジオエキス. ／ユニックス／京都地図研究所
　イラスト　京田クリエーション

写真所蔵・提供
内井道夫　国立国会図書館　産業技術総合研究所地質調査総合センター
地質標本館　ピクスタ　藤田美術館　ColBase(https://colbase.nich.go.jp/)
ほか　〈敬称略・五十音順〉

本書に関する最新情報は, 小社ホームページにある**本書の「サポート情報」**を
ご覧ください。(開設していない場合もございます。)
なお, この本の内容についての責任は小社にあり, 内容に関するご質問は直接
小社におよせください。

中1 まとめ上手 5科

編著者　中学教育研究会	発行所　**受験研究社**
発行者　岡　本　明　剛	©株式会社 **増進堂・受験研究社**

〒550-0013　大阪市西区新町2―19―15

注文・不良品などについて：(06)6532-1581(代表)／本の内容について：(06)6532-1586(編集)

Printed in Japan　　寿印刷・高廣製本
落丁・乱丁本はお取り替えします。